张冬梅 著

驿路梅香

一位西部中学教育工作者的
践思行

民主与建设出版社

·北京·

图书在版编目（CIP）数据

驿路梅香：一位西部中学教育工作者的践思行 / 张
冬梅著. — 北京：民主与建设出版社，2020.6
ISBN 978-7-5139-3069-7

Ⅰ.①驿… Ⅱ.①张… Ⅲ.①中学教育－文集 Ⅳ.
①G63-53

中国版本图书馆 CIP 数据核字（2020）第104493号

驿路梅香：一位西部中学教育工作者的践思行
YILU MEIXIANG：YIWEI XIBU ZHONGXUE JIAOYU GONGZUOZHE DE JIANSIXING

著　者	张冬梅
责任编辑	刘　芳
封面设计	姜　龙
出版发行	民主与建设出版社有限责任公司
电　话	（010）59417747　59419778
社　址	北京市海淀区西三环中路 10 号望海楼 E 座 7 层
邮　编	100142
印　刷	北京政采印刷服务有限公司
版　次	2022 年 6 月第 1 版
印　次	2022 年 6 月第 1 次印刷
开　本	710 毫米 × 1000 毫米　　1/16
印　张	15.75
字　数	284千字
书　号	ISBN 978-7-5139-3069-7
定　价	45.00 元

注：如有印、装质量问题，请与出版社联系。

序言

　　本书作者张冬梅女士是一位出生、成长于古丝绸之路重镇新疆哈密的中学教育工作者，在三十多年教育生涯中她做过很多方面的探究，而一个真字正是她对"千教万教教人求真，千学万学学做真人"的实践、思考与诠释。

　　本书分三部分：第一部分"以真知育人，篇篇留芳"探究了中学语文教学当中的一些典型问题，提出了自己独到的观点和做法；第二部分"以真情动人，句句传馨"探讨了学生教育中的若干思考和行为；第三部分"以真心示人，字字沁馥"则聚焦于对同事、对同学、对学生、对家人的情感及生活的关注。书中收录了她在一些不同场合所做的讲话，借以原汁原味地体现一个教育工作者的真情怀。

　　在《迎接挑战，不断进取——我的成长分析报告》中，作者坦言："我认为我最好的五个品质是：谦虚好学、热情善良、执着热烈、踏实认真、善于沟通。勤奋好学、谦虚好问使我从同事、朋友身上学到了许多美好的东西，以人之长补己之短；热情开朗的性格，充满善意的言行让我时刻能保持一种乐观博爱的心态；对事物的热烈追求、执着拼搏表现出我的坚忍与刚强；做事认真踏实使我得到了比别人更多的回报，也使我常常能把工作做得较为完美；学会交流、与人沟通增强了我的社会适应能力，让我在竞争激烈的社会中能有自己的位置。"

　　清代袁枚诗云："白日不到处，青春恰自来。苔花如米小，也学牡丹开。"或许我们都曾经是一棵棵卑微的小草，但是咬定目标，做一个谦虚好学、不断进取的教育工作者，我们终将有所收获——学识、情怀、处世、为人，包括一本属于自己的专著。而在种种忙碌与时间的挤压间，将自己的职业感悟与成长历程整理出来，与人共享，何尝不是一种"求真""存证""进取"的职业追寻呢？

文脉根自深，流韵香自远。愿古丝绸之路的驼铃声声中，再留下一抹经得起苦寒的淡淡梅香。

多年之前，就听冬梅女士提及以后要写一本自己的书。今日，受冬梅女士邀约，拜读了全部文稿，写下以上文字，表示真诚的祝贺！

代以为序。

常玉国

2020年2月20日

常玉国，男，1964年7月生，甘肃省瓜州县人。1980年起从教至今，特级教师、正高级教师，"常玉国高中英语教学能手培养工作室"主持人（教育厅）、"常玉国名师工作室"主持人（《教师博览》）、"职工创新工作室"主持人（哈密市）、《教学考试（高考英语）》特约编辑、《教师博览》签约作者。

目录

教学篇
——以真知育人，篇篇留芳

驿路梅香——一位西部中学教育工作者的践思行

教育篇
——以真情动人，句句传馨

生活篇

——以真心示人，字字沁馥

教学篇

——以真知育人，篇篇留芳

作为语文教师，我深深地热爱着这门学科。在这博大精深的领域里，在中华传统文化的熏染下，在中国现当代文化的滋养下，孕育着我的思想，成就着我的梦想，延续着我的理想。我为我上过的每一堂课而欣慰，也为写下的每一篇文字而自豪——唯有真知长留芳。

我最喜欢的一句教育名言

当教师这么多年了，当班主任也有很多年了，在管理学生的过程中难忘那些酸甜苦辣，付出与收获。学生有个性差异，管理也应因材施教。但是我有一点体会，那就是教师自身的示范作用对于每一个学生的健康成长都是很重要也很有必要的。

正如俄国教育家乌申斯基所说："教师的个人范例，对于青年人的心灵是任何东西都不能代替的最有用的阳光。"

对此我也深有感触。著名教育学家陶行知在一次演讲中，一走上讲台就拎起一只大公鸡，往讲台上一放，然后，放了一把米在它面前，可是公鸡惊惶四顾不肯吃，按住头让它吃，还是不肯吃，又掰开嘴往里塞，公鸡拼死挣扎仍不肯吃。把公鸡松开后，它徘徊了一阵，平静下来，低头自顾吃起来了。有时我们强行命令学生做什么或不做什么，效果不是很令人满意，我们不妨换个做法，我们教师把要求学生做到的事自己先做到、做好，从心理上给学生一个积极的暗示。

孔子说："其身正，不令而行，其身不正，虽令不从。"心理学家发现，人的自尊心是一种很奇怪的东西，它一旦得知别人要干涉，控制自己，便会不由自主地生出一种抵制的力量，不愿就范。而暗示的过程是一种心理的双向交流过程，暗示者不明确表示用意，用含而不露的方式影响他人，受影响者则在不知不觉中受到了影响和教育。

有人说，教育的最佳境界就是"随风潜入夜，润物细无声"。正是，无言之教胜过有言之育，身教重于言传。

因此，我们就对我们的自身行为又提出了很高的要求，教师时时处处都是学生的典范，陶行知说："要学生做的事情，教职员躬亲共做；要学生学的知识，教职员躬亲共学；要学生守的规则，教职员躬亲共守。"

车尔尼雪夫斯基也说："要把学生造就成什么人，自己就应当是什么人。"

我们每位教师向学生播撒一些学高身正的阳光，学生心中就会阳光灿烂。

我们每位教师用为人师表督导自己，我们也终将会收获无限的精彩。

把学生捣鼓起来，激发说的积极性

有位老教师曾对我说，一堂课是否成功，关键看教师能否把学生捣鼓起来。这里的捣鼓就是教师要把学生学习的积极性激发起来，让学生充分参与到教学活动中去，绝不能教师一人在讲台上唱独角戏。课堂是个大舞台，教师好比导游，学生才是生动的角色，教师应该想方设法为学生设置巧妙的情境，让学生充分施展才能，发挥特长。

学生在课堂上的活动内容丰富，形式多样，对学生能力的培养途径很多，我在这里只谈谈其中的说功训练。

在课堂上，我不怕学生说错，只怕学生不说，因此，我尽量多给学生说的机会。比如我在教《过万重山漫想》时就请学生展开丰富的联想，想想人类历史上还有哪些穿越三峡似的伟大第一。学生踊跃发言：第一个登上月球的人，第一个攀登珠穆朗玛峰的人，第一个走进南极的人……课堂气氛活跃，学生对课文所赞扬的知难而进、勇于开拓的精神就一点一点地有了深刻的理解。

我在辅导学生学习《项链》这一课的时候，采用了"限时复述课文"的方法：要求第一位学生用五分钟时间复述课文；第二位学生用三分钟时间复述课文；在此基础上，第三位学生只能用一分钟时间说出课文梗概。由于第三位学生的时间只有一分钟，所以他只能抓住最重要的情节来说：路瓦栽夫人出身贫寒，只得嫁给教育部的一个小职员，但她生来就向往过高雅和奢华的生活。一次为了参加教育部的一个晚会，她向佛来思节夫人借了一串钻石项链。在晚会上她出尽了风头，可晚会结束后她发现项链丢了，于是她只好借了许多钱买了一串同样的钻石项链还给了佛来思节夫人。为了还债她付出了十年艰辛的劳动。一个偶然的机会她又见到了佛来思节夫人，得知丢失的那串项链是假的，只值500法郎。

其实，这位学生的发言就是这篇小说的情节结构。

在分析路瓦栽夫人的形象时我设计了一个问题：请同学们想象一下路瓦栽夫人参加晚会时穿了一件怎样的衣服？学生对此问题表现出了极大的兴趣，各抒己见，有说是黑色的，有说是红色的、紫色的、白色的、墨绿色的、咖啡色的；有说是低领紧身连衣裙；等等，有些男学生比女学生还更有独到见解。这样七嘴八舌的"说"既丰富了学生的想象，又使学生"说"的功夫得到了充分的训练。不论说什么，大家都谈到了路瓦栽夫人是美丽的，迷人的，她的虚荣心得到了极大的满足，爱慕虚荣正是造成路瓦栽夫人悲剧的根源。

通过类似的训练，我感到：许多学生不是不会说，而是不敢说，怕说错了难为情。因此我在课堂上订了两条不成文的规定：不论说的对与错，只要敢说就给予鼓励；能站起来指正补充的学生同样也给予肯定。

有一次，我请一位女学生口头翻译《梅花岭记》的片段，当这位学生翻译错了时，其他学生发出了笑声，我是这样点评的：刚才这位同学的发言声音洪亮，吐字清晰，只是有一句没译准，谁能帮助她译得更好一些？

及时鼓励，肯定优点，给学生自信，让学生相信自己完全是可以说得更精彩的，从而激发学生上课发言的积极性、主动性。

浅谈提升语文课堂教学中的语言美

常说"教师吃的是开口饭",这是说教师应有较强的语言表达能力。古人说,"言之无文,行而不远",这是讲说话要有艺术性、审美性,要有文学色彩。教师良好的语言修养,是教师的必备条件,也是教师职业技能结构的重要组成部分。语文本身就是语言的艺术,因此语文教师更应注意提升课堂教学中的语言美。

美国心理学家罗伯指出,人能够按照两种本质不同的模式来学习:一种是外显学习,一种是内隐学习。比如在语文课堂教学过程中,学生按照教师的要求有目的、有步骤地学习课文,这是有意识的外显学习;而学生在教师大量的随机发言、即兴评讲中耳濡目染,不知不觉中所接受到的学习,是一种无意识的内隐学习。

教学多年的教师会发现,如果我们教一个班一段时间后,班里学生在语言表达、情感态度、学习兴趣上会受到教师的影响,学生会形成一种和教师相近的语言风格、神情、语气。因此,教师的课堂语言对学生的影响很大,那么作为语文教师我们该如何提升课堂教学的语言美呢?

首先,提高教师的思想修养。作为一名教师,我们的责任重大。韩愈曰:"师者,所以传道受业解惑也。"道,即道义、道理。也就是我们今天说的培养学生具有正确的世界观、人生观、价值观,培养学生具有远大的理想和崇高的责任,培养学生具有高尚的情操和健全的人格。孔子说:"士不可不弘毅,任重而道远。"作为教育工作者,我们育人,责任是第一位的,我们任重道远。只有提高了教师自身的思想认识水平,达到较高思想和精神境界,才能在课堂上对学生说出积极向上、催人奋进、鼓励斗志的精妙语言。

其次,重视教师知识修养。我们的课堂语言,比之我们的自身语言只是沧海一粟。我们所知道的、所掌握的知识远远多于我们告诉学生的，这就要求我们要加强语文知识的修养。"熟读唐诗三百首，不会写诗也会吟。"多读古典诗词，你的语言表达无形之中就具有了诗意；多读古代散文，你的语言表达无意之中就多了几分哲理；多读现代名篇，你的语言表达无心之中就显示出了时代气息。"问渠那得清如许，为有源头活水来。"多读书，勤积累，在提高知识修养的同时我们的课堂语言也有了"源头活水"。

最后，掌握课堂的语言表达技巧。语言表达包括多方面的技巧：良好的心理品质、唯美的朗诵能力、恰当的修辞手法等，都可修饰课堂语言，增强语言的艺术美。

例如，在教学《宽容·序言》一文时，我特意设计了课堂的导语、中间小结和课后总结。

我用平静的语调叙述了这样一个故事来导课：意大利著名的科学家、思想家乔尔丹诺·布鲁诺进一步发展了哥白尼的太阳中心说，震动了教会的统治，被天主教视为异端，最终被宗教裁判所判处死刑，烧死在罗马的鲜花广场。布鲁诺的死说明了什么？

静静的叙述可以让学生更好地思考造成布鲁诺悲剧的原因是什么，以引出宽容这个话题。

在课堂中间我陈述什么是先驱者：先驱者并不是站得高，看得远的智者，而是敢于说真话的普通人，他的伟大，不在于他发现了外面的世界，而在于他坚持真理，死亡的威胁也没能让他改变信念。先驱者总是以自己的牺牲为代价唤醒民众，这似乎成了限制思想自由时期的规律。这样引起学生对先驱者的崇敬，加深对创新精神的理解，使本课教学达到一个高潮。

在课堂教学的最后，我做了如下总结性发言：宽容是一种美，深邃的天空容忍了雷电风暴一时的肆虐，才有了风和日丽；辽阔的大海容纳了惊涛骇浪一时的猖狂，才有了浩渺无垠；苍莽的森林忍耐了弱肉强食一时的规律，才有了郁郁葱葱。泰山不辞尺土，方能成其高；江河不择细流，方能成其大。正如林则徐所说："海纳百川，有容乃大；壁立千仞，无欲则刚。"

大段的排比句，整齐有气势，深化主题，卒章显志，也能留给学生深刻的印象。

其实，在课堂上教师随口说出的话都是经过了反复推敲琢磨的，也是教师传道授业的具体体现。语文教师长期注重在提升课堂教学语言美上下功夫，动脑筋，学生便可在精美的语言熏陶下接受知识，受到教育。

语文教师，让我们的课堂教学语言美起来。

余秋雨文化散文艺术风格导读

当代文坛，谈到散文不能不谈余秋雨。余秋雨结集出版的《文化苦旅》《文明的碎片》《秋雨散文》等，都受到了广大读者的热烈欢迎。余秋雨的散文的独特之处在于，他打破了传统散文的束缚，创造了新的意与思结合的文化散文，借山水风物，寻求中国文化意蕴与人生真谛，探寻中国文化的巨大内涵与中国文人的人格构成。下面就其艺术风格进行分析探讨。

一、主题和题材的扩展超越

贯穿余秋雨散文的主题是：对文明的召唤和呼喊。他的散文主题和题材的扩展主要表现在以下几个方面。

1. 寻找隐藏于山水古迹的文化意蕴

余秋雨的散文大多以景物为题名，例如，《莫高窟》《都江堰》《三峡》《庐山》，但是他不同于以往散文只关注景物的自然现象，多以个人的感情抒发和自我表现为主，而是用他深邃的目光，透过这些现象，把关注的焦点定位在这些自然景观背后所沉淀的文化内涵上。正如作者所说的："我发现我特别想去的地方，总是古代文化和文人留下的较深脚印所在，说明我的心底的山水，并不是完全的自然山水，而是一种人文山水。"如《阳关雪》中对阳关雪的描写其实只是作为一个引子，"文人的魔力，竟能把偌大一个世界的生僻角落，变成人人心中的故乡，他们褪色的青衫里，究竟藏着什么法术呢？""今天，我冲着王维那首《渭城曲》，去寻阳关了"。他们的法术，不是别的，正是他们的文章。作者在此要表现的是中国古代文人的价值和他们作品的魅力，以此来突出他们在官场上的尴尬与在文坛上的不朽地位所形成的巨大反差。《风雨天一阁》对天一阁也未多做描述，而突出写

9

天一阁的创建人范钦其人，写其超强的意志力与基于文化良知的健全人格，从而显现天一阁本身的存在价值。

2. 关注中国传统文人的人格精神

在余秋雨的笔下，闪现出一大批中国文学史上熠熠生辉的名字，他们都是才华横溢而又命运多舛的人，如苏东坡、范仲淹、柳宗元等。他们都具有"高贵又苦闷的灵魂"，他们因富有才华和个性而不容于朝廷，受到小人的诋毁。他们被冷落、被流放、被贬谪，他们的生命力受到挤压和摧残。但是，无论他们处在怎样的险恶条件之下，都有不变的文化良知。恶劣的环境没有折服他们，反而磨炼了他们的意志，激发他们更大的智慧，绽放出更灿烂的文明之花。《苏东坡突围》中苏辙指出："东坡何罪？独以名太高。"作者描写了伟大诗人苏东坡一次次地被小人诋毁，一次次被贬谪到更加偏远的地方。但是，他始终没有放弃对文化的探索，相反，官场的失意使他有更多的时间和精力投入到文学创作中。事实证明，他的大多数优秀作品是在被贬谪的时候创作的。作者通过对传统文人的悲剧性命运的展示，使人更深刻地了解到，中国的文明史是一部苦难深重的文明史，文明的发展史是一部和专制制度及愚昧野蛮不断进行抗争的搏斗史。

3. 以独特的视角探索中国文化

作者不受传统观念的影响，以独特的视角去看待中国的山水风情古迹，更加人道主义，更加深刻、透彻。《都江堰》中，作者认为，都江堰比长城要伟大得多，长城是雄伟的，但更多的是排场，背后是让人惊悸的残暴。而都江堰是质朴的，它造福千年，永久地滋润和灌溉了中华民族。"长城的文明是一种僵硬的雕塑，而都江堰的文明是一种灵动的生活。""有了它，才有诸葛亮、刘备的雄才大略，才有李白、杜甫、陆游的川行华章……"作者不受传统观念的影响，不掩盖历史的创痛和丑恶，指出了长城背后的残暴，而肯定了都江堰的实用与贡献。

4. 重建评判坐标

在对中国文明历程的展示中，价值观念不受民族、政治、地域的功利局限，而是站在一个更高的角度，以一种公平的视野去鸟瞰中国发展的历史。如《一个王朝的背影》深刻地批判了姓氏正统论和民族正统论，"在我看来，现在的中国人特别需寻找人类历史的整体坐标，以人类历史作为价值坐标去分析看到的各种文化现象"。对待历史人物，用诚实的理性的态度去对待，不受任何主观因素的影响。众所周知，秦桧是南宋的奸臣，人们都痛恨他，咒骂他，没有人会为他说话，但余秋雨还是客观地理性地留出空间让他申辩。而对于苏东坡的好友沈括，也不避揭露其短，他曾因妒忌而陷害过苏东坡，他所检举的诗句，正是苏东坡分别时送给他的诗句。秋雨散文不同于以往散文的一个重要特征就是，具有理性审美意识所支撑起的恢宏气度。

二、对原有散文文体模式的突破与创新

漫长的发展过程中，中国古典散文形成了简约的审美规范，曾有人称之为小品文。写作学科给散文所下的定义是：散文是指以记叙、抒情、描写为主要方式的篇幅短小，取材广泛，写法自由，文情并茂的文学体裁。

然而，读余秋雨散文的第一感觉就是，篇幅宏大。《文化苦旅》31篇散文中，以《都江堰》最短，也有3500多字，而压卷之作《江南小镇》有9000多字，《风雨天一阁》有16 000多字。其实，长篇散文的出现是散文发展的必然趋势，篇幅短小的文体规范极大地制约了散文的表现内容，使许多过程长、容量大、情节复杂的重大题材被排斥在外，只有长篇散文，才能吞吐古今，驰骋中外，具有黄钟大吕的磅礴气势，读起来荡气回肠。林语堂曾指出，好散文必须具有容纳充分发挥才能的篇幅和轮廓，必须改变迫于生产力落后而形成的简约、削足适履的旧观念。可见，余秋雨散文的出现迎合了散文的发展趋势。

具体表现为四大，即大题材，大篇幅，大视野，大结构。

1. 大题材

散文内容涉及政治（《一个王朝的背影》探讨清王朝的功过）、经济（《抱愧山西》遥望山西，叙说山西票号的兴衰）、文化（《千年庭院》走进书院文化的收藏）、艺术（《莫高窟》和《青云谱随想》探寻艺术的流变）、科考（《十万进士》品说科举制度的利弊）、旅游（《西湖梦》品味山水风光的内涵），几乎无所不包，最终归结在文化上，归结为两大主题，中国文化与社会灾难，中国文化的精神归宿。

2. 大篇幅

《文化苦旅》和《山居笔记》中的文章一般都有五六千字，短的也有两

三千字，长的有一两万字。余秋雨在介绍《山居笔记》的创作时说，每篇文章都很长，平均要花四五十个完整的工作时间。《千年一叹》和《行者无疆》的文章要短些，那是受电视实播和报纸连载的局限，用日记体抢出来的。

与《古文观止》上的散文比（《古文观止》上的文章平均每篇只有六七百字），与中国一些著名作家的散文比，余秋雨的散文真的称得上是大散文。

3. 大视野

余秋雨的散文视野大，古今中外，天马行空，像西游记里的孙悟空，不受时空的限制。从地域看，余秋雨不仅走遍了中华大地，而且游历了欧亚大陆，长江黄河、三山五岳都被他调遣，关山大漠、名胜古迹都任他叙说。世界古代文明的发祥地、文艺复兴的故乡都进入了他的笔端。从时间讲，他喜欢穷本溯源，莫高窟壁画、都江堰水利、天一阁藏书、三峡风光都是从古到今，洋洋洒洒，蔚为大观。

4. 大结构

余秋雨的散文结构宏大，一般都分为几节，基本形成套路。开始是淡淡一笔引起叙说的对象，继而描写风光或人物，然后穿插史料或者讲述故事，引出心中的困惑或疑虑，生发一串串的联想，再运用文化分析的手法，去咬、去问、去感、去叹，最后下一个情绪化的结论或是丢下几句发人思索的名言警句，潇洒地与读者挥别。

三、多种表达方式的综合运用

余秋雨娴熟地运用了描写、议论、抒情等多种表达方式，还采用了小说笔法、戏剧笔法、镜头特写等多种手法，这对于烘托主题，使文章内涵更深刻等方面起到了重要作用。

1. 对小说艺术形态的借鉴

为什么我们阅读余秋雨鸿篇巨制的散文不会觉得枯燥，相反，会爱不释手呢？我认为，这跟他散文的小说化艺术形态不无关系。读他的散文，你会觉得你同时也在读一篇小说，作者有意识地将他的散文与小说以最好的形式结合起来，追求一种小说化的艺术效果。有利于不同层次，不同趣味的人读懂、接受、喜欢。其散文小说化艺术形态主要表现在以下几个方面。

（1）叙事的小说化特点。余秋雨深谙中国人的阅读习惯，他凭借小说这种文体，使他的作品为广大读者所接受。首先，小说的要素之一是故事。余秋雨是一个比较善于构建故事，甚至是很多传奇色彩很浓的故事的人，如《莫高窟》写到乐樽和尚的故事；写《上海人》，思绪飘逸，引叙出徐光启（《农政全书》）的故事，进而从更深意义阐述上海人文化性的构成。其次，小说的要素之二是细节。余秋雨的散文中常常见到栩栩如生地描绘，靠细节构筑成优美深邃的诗情画意。

（2）完整生动的故事情节。传统的散文一般不注重故事的完整性、顺序性，一般都是为了体现某一主题而截取某一故事片段，把它们结合起来，使之突现主题。而余秋雨的散文则不同，他注重故事情节的塑造，并且做得非常好。《道士塔》给我们呈现了敦煌文化沦丧的整个过程，王道士如何愚昧地将壁画刷白，与外国人进行廉价的交换；中国官员如何对中国古代最灿烂的文化视之不理，最终敦煌的研究者只能从外国买来文献的胶卷进行研究。整个故事完整生动，让人如身临其境。尤其是某些精彩场面的描写，更是让人义愤填膺、痛心疾首，"一箱子，又一箱子。一大车，又一大车。都装好了，扎紧了。吁——车队出发了。""王道士频频点头，深深鞠躬，还送出一程。"《信客》《柳侯祠》《遥远的绝响》《漂泊者们》《华语情结》等篇也都包含着一个或多个生动的故事。

（3）历史现场还原似的虚拟，丰富的艺术想象。一般认为，散文应当是写人的真情实感，历史散文的内容应当符合历史事实。但是，许多历史散文作家，就是由于太拘束于历史事实，导致其散文成了考古学，枯燥而无新意。余秋雨认识到这一点，并不局限于传统的散文创作规范，而采用了虚拟性的小说手法，发挥了合理的想象，把抽象而概括的历史材料，给予生动形象的艺术再现。如《阳关雪》中，描写王维："他瞟了一眼渭城客舍窗外青青的柳色，看了看友人已打点好的行囊，微笑着举起了酒壶……"我们都没有身临其境，都不知道王维的友人是否帮他打点行李，也不知道他是否"瞟了一眼"，是否"微笑着"，但是这些并不重要，重要的是作者通过丰富的想象，渲染了朋友离别的气氛，呈现给我们一个具体而生动的画面，让我们更加容易理解王维当时的心境，更能够体会作者的情感。作者就是通过合理的想象，让历史再现，让人如身临其境。余秋雨散文的小说化艺术形态使得散文具有小说的强烈感染力。

2. 余秋雨散文中的剧场效果

余秋雨在创作文化散文之前从事戏剧理论创作，对于戏剧可以说是了如指掌，因此在他的文化散文中，他融会贯通地运用了戏剧效果。他也曾说："我在散文中追求的场景，会使有些段落写法上近似小说，但小说的场景是虚构的，而我的散文中的情景，则力求真实。"我们可以从《文化苦旅》中找到印证，如《道士塔》第二节和第三节中，余秋雨以历史记载为本，用自己丰富的想象力，组构出八九十年前王道士在进行不可饶恕的文化破坏工作时的细微动作和思想。王道士对洞窟里的壁画不大满意，找来两个帮手，拎来一桶石灰，开始用刷子粉刷洞壁的情景："第一遍石灰刷得太薄，五颜六色还隐隐呈现，农民做事就讲究个认真，他再细细刷上第二遍……。什么也没有了……于是，道士擦了一把汗憨厚地一笑，顺便打听了一下石灰的市价。"有人物，有道具，有动作，有音响，甚至还有"宋代衣冠"的种种颜色……这组构思与呈现，完全是现在式的表演，诉诸视角，充满了戏剧意味（但比戏剧更能表达，因为戏剧一般只能以言语和举动来表现人物思想，文字的表演却不受此限制）。如《都江堰》那久久伫立的仪态、复杂的心理情绪都可作为剧场的一个场景。还如《白发苏州》《信客》等篇章，只要略改一下就可搬上舞台。因此，这些经过艺术处理的文章，往往能提升读者的阅读兴趣。

3. 写作手法上，余秋雨先生的散文并非以抒情为主，而是以议论为主

余秋雨的散文核心成分是议论，但又多以抒情的笔法来表达，这种抒情与议论的水乳交融，使文中的议论充满了睿智与情趣，使读者总能在理性的思考中获得一种特有的精神享受。如《阳关雪》中"即便是土墩，是石城，也受不住这么多叹息的吹拂，阳关坍圮了，坍圮在一个民族的精神疆域中，它终成废墟，终成荒原……""这儿应该有几声胡笳和羌笛的，音色极美，与自然浑和，夺人心魄。可惜它们后来都成了兵士们心头的哀音"。正是这种抒情与议论的结合，才使人们能够更深刻地感受到中国文化所经历的苦难历程，中国文人所独有的悲剧性命运，促使人们反身自问：文明是什么？文化是什么？我们在哪里遗落？又怎样才能找回？可以说，在余秋雨的散文中，最具特色和最有魅力的部分，不是来自生动的场面描写，也不是来自温情脉脉的抒情，而是这种用抒情的笔法，进行理性思考的议论。

学好高中语文教材　成就高考满分作文

不管高考语文试题怎么改，作文依然是关注的焦点。而对如何提升作文水平，时下不少学生既感到忧虑，又不知从哪里入手。

在指导学生作文时，经常有学生问：怎样才能写好高考作文？

我说，平时要多读书，多积累，作文才有话可说。我知道我这样的回答一定不是学生所期待的，因为繁重的课业负担哪有时间读书积累。可是，在我看来，这的确是写好作文的有效途径。针对学生学习负担重、读书时间少的现状，再看近年满分作文的内容，我想对学生说：学好语文教材，它是写作最方便最直接的源泉，因此，我的论文题目就叫作《学好高中语文教材　成就高考满分作文》。

我仔细阅读了近年高考满分作文，发现有相当一部分作文中引用的材料来自高中语文教材，可以说是对教材内容的概括、提炼、活用。特别是历史文化素材频繁地出现在满分作文中，屈原、司马迁、鲁迅、毛泽东，他们的精神永放光芒；李白、杜甫、苏轼、辛弃疾、柳宗元，他们的诗篇常用常新。

为什么会这样？我想，作为一名多年从事高中语文教学的阅卷老师，历史文化、历史人物已成为他们的一种情结，一种寄托，想说不爱实在太难。

现从2009年高考满分作文中摘抄几段文字：

河北考生　《让特长开拓新天地》：

李煜虽有吟唱"春花秋月何时了"的诗才，却被政治上的无能束缚，终留"人生长恨水长东"的遗恨；秦观虽有吟风弄月的雅趣，却被仕途的失意所束缚，抑郁地了结余生；郭沫若虽有"凤兮一归来"的豪气，却被政治上的坎坷所束缚，留下遗憾的一笔。

河南考生 《兔非鱼》：

不是全才又何妨？不十全十美有何错？管仲爱财，难道就不是贤相？孙子膑脚，难道就不胜庞涓？汉武专制，难道就不是英主？

陕西考生 《西安的无奈》：

还记得当年的你吗？丰镐的国风唱得你意气风发，阿房的宫灯照得你熠熠生辉，未央的歌舞漾得你柔波婉转，骊宫的清泉洗得你铅华尽去。

吉林考生 《人生因思考探索而精彩》：

我们敬仰鲁迅先生，他的一生就是思考探索的一生：家道中落，父亲多病，为改变现状，他思考着探索着，毅然离开亲人故旧，只身前往海外学医；社会风雨如磐，祖国水深火热，为解救民族危难，他思考着探索着——医术只能解除肉体痛苦，无法治愈心灵创伤。鲁迅先生毅然挥戈上阵，口诛笔伐，嬉笑怒骂，向吧儿狗亮匕首，对落水狗掷投枪，"怒向刀丛觅小诗"，以"横眉冷对千夫指，俯首甘为孺子牛"的鲜明爱憎，铸造出民族的精魂。

福建考生 《这也是一种幸福》：

不是每一份爱都需要"众里寻他千百度，蓦然回首，那人却在，灯火阑珊处"的苦苦追寻；不是每一份情，都需要"十年生死两茫茫，不思量，自难忘"的肝肠寸断。执子之手，与子偕老，这也是一种幸福。

不用我多举例了，我从14篇满分作文中摘出上面几段，就是想告诉学生们一点：读熟高中语文教材，用好高中语文教材，作文一样能有生花妙笔。那么怎样读熟用好高中语文教材呢？我想给学生们以下几点建议：

（1）从高中语文教材中作家的生平概括出作家的思想，这类材料可以用在以下话题中：勤奋、挫折、逆境、失败、成功、坚持、追求、梦想、忠诚、爱国、忧民等。

（2）熟记高中语文教材中的名家名言，作文时按需索取。我们作文时自己写不出精彩的语句，引用名家名言也不失为一种好办法，前提当然是要记诵教材中的一些名句。许多学生总以为背了那么多诗文高考只有4分，太浪费时间，这想法多么错误啊！背诵名句不只是为了应对默写题，我们在考场作文时，没有储备，何来底气，常言道，"腹有诗书气自华"，借鉴、引用、仿句在作文中是一条永远可以走得通的路。背诵吧，同学们！李白的豪放飘逸，杜甫的沉郁顿挫，苏轼的奔放旷达，李清照的婉约细腻，在诗中，在教材里，在你记忆的大脑中。

（3）善于归纳整理高中语文教材中的人物、诗文、思想、风格。这个要求高一些，但老师在上课时进行比较阅读时，你要用心呀！孔孟思想异同，李杜诗风迥异，古今文化背景，伟人思想轨迹，等等。

（4）扎实掌握，用心思考，灵活运用。当我们已经贮存了12年的语文知识后，在脑中应构建一个体系，这个体系应包括人生价值、理想追求、历史文化、社会自然、品质美德等内涵。这些体系的建立是你作文的宝库，如我们在学习《我与地坛》后，你脑中已有了史铁生的生死观：生死是一件自然而然的事，不必强求；你还可以想到：珍爱生命、生命中充满苦难、逆境中不放弃、身残志坚等话题。作文源于生活，生活离不开思考，勤思多想，知识就丰富且系统化了。

以上就是我阅读2009年高考满分作文时的一点点想法，希望能给同学们一点点帮助和启发。

读熟高中语文教材，用好高中语文教材，它永远是我们写作的源头活水。

巧设亮点，展示文采

——浅谈如何拟好标题、写好开头结尾，使考场作文富于文采

孔子曰："言而无文，行而不远。"一篇好文章，最能打动人的往往是它飞扬的文采，一篇文章要想流传得很长远，必须得有文采，高考《考试大纲》关于写作"发展等级"也明确提出有文采的标准，所以我在训练学生作文时，注意语言的锤炼，努力使作文富于文采，尤其是高考作文。何为文采？所谓语言富于文采就是指语言富于变化，优美流畅，从而极大地感染、震撼读者。

那么如何才能使作文富于文采？我在这儿谈谈我在训练学生写作中如何拟好标题、写好开头结尾的一点不成熟的做法。

一、标题亮丽、醒目

常言道，"题好一半文""人靠衣装，文靠题装"。标题不仅是一个导航的指标，还能吸引阅卷老师的眼球，也是一篇文章的眼睛，更是文章内容和读者情感的心理之间的第一个接触点。尤其是高考作文，标题新颖、亮丽、醒目，一下子就能给阅卷老师留下深刻的印象。

1. 直摆观点

议论文占了高考作文的大半壁江山，给议论文拟一个观点式的题目，可以给人立意明确、坚定清晰的好印象。例如，2006年高考作文广东卷《自己就是天使》《用爱雕琢心中的天使》；又如，2006年高考作文四川卷《世上无难事，只要肯攀登》等。

2. 反向求新

写文章时，如果能恰当运用那种看似不合常情，违反常理，而实际具有

深意的标题，可以引发读者的好奇心，激发读者的探究欲。例如，《没有异想，哪来天开》《弄斧必须到班门》《失败是失败之母》。

3. 引用古诗文名句

古诗文意蕴深厚，脍炙人口，在标题中直接引用或巧妙化用，都会为文题添色增彩。例如，2006年高考作文全国卷《绕树三匝，何枝可依？》；又如，2006年高考作文安徽卷《碧海青天夜夜心》；再如，2006年高考作文四川卷《世上无难事，只要肯攀登》，2006年高考作文上海卷《何处散发弄扁舟》。

4. 妙用修辞

运用修辞可以增强标题的感染力，如2006年高考作文四川卷《学海无涯，好问是帆》，2006年高考作文浙江卷《让心情打上一个盹》，2006年高考作文福建卷《点点空白，悠悠情思》。

二、开头精巧点题，结尾卒章显志

精巧的开头能先声夺人，达到"未成曲调先有情"的效果，吸引读者读下去。开篇点题，亮出观点，干净利索，简单明了，精彩华美的开头犹如给文章穿上了一件最美的嫁衣，打扮得风华绝代，让评卷老师怦然心动，也很好地展示了你的文采。例如，一湖北考生的《菊花人生》："一簇簇幽幽香菊在院子里静放，娇美的蝴蝶在花丛上翩翩起舞，山涧清泉一直流过家院门口；早上，雾色渐渐散去，透过微薄的阳光，一位老人拿着锄头，提着竹篮，向院中走去。"

不言自喻，读者已知所写是何人，有怎样的人生情怀，美文美句美景，为文添彩。

再如，2006年一河南考生的高考作文《做真正的自我》的开头：

"即使世俗的围墙挡住你万丈豪情，但挡不住你铿锵的步伐。做真正的自我，那是陶潜的五斗诗魂。

即使厚重的夜幕挡住你满天星斗，但挡不住你心中的灯火，做真正的自我，那是文天祥的零丁绝唱。

即使岁月的樊篱挡住你坚强的身躯，但挡不住你忠贞的信念，做真正的自我，那是屈原的水中离骚。"

结尾是这样写的：

"一缕清香，一缕洒脱，做真正的自我，展示高洁与傲岸，那是陶潜的五斗诗魂！

一江春水，一曲悲歌，做真正的自我，满载大江与汪洋，那是文天祥的零丁绝唱！

一页历史，一面镜子，做真正的自我，昭示理性与忠贞，那是屈原的水中离骚！"

这篇满分作文的开头和结尾采用精彩的排比句，列举历史名人，使文章气势恢宏，神采飞扬，可谓妙笔。

又如，2006年一四川考生的高考作文《问生命》开头是这样写的："站在大河之畔，望滚滚逝水，我叩问生命：成，你能否有朗月照花，深潭微澜的美艳？你能否有不计逆顺，不计成败的超然？你能否有扬鞭策马，登高望远的旷达？败，你能否有滴水穿石，汇流入海的意志？你能否有穷且益坚，不坠青云之志的傲岸？你能否有'苟利国家生死以，岂因祸福避趋之'的倔强？"

一组疑问句构成的排比句，如决堤之洪流，一泻而出，洋洋洒洒，磅礴大气，情感真挚，充分显示了考生的深厚积淀，扎实功底，是文章的一大亮点，达到了"先声夺人"的效果，语言精美，佳句迭出，不能不令人颔首称是，鼓掌赞美。

又如2005年全国卷一考生的高考作文《如梅在雪》的结尾："选择属于你的位置，在快乐中实现自己的价值，如梅在雪，归我所属，乐我生命。"

结尾散文化的语言，诗一般的意境，适当的议论，隐含了哲理，切合题意，呼应开头，首尾融合，丰富了文章的意蕴，增添了文章的魅力，不失为文章的一大亮点。

以上从拟标题、写好开头结尾两方面谈了作文训练中的做法，其实一篇文章中可以展示文采的地方很多，在这儿只是略举一二。我们虽然无法让整篇文章有文采，但完全可以通过一些细节让文章亮起来，吸引阅卷老师。也就是说，一篇高考作文，总得有"闪光之处"。没有"太阳"，也得有个"月亮"；没有"月亮"，也得有个"星星"；没有"星星"，怎么也得有个

"萤火虫"吧!

佳作只垂青以思考为乐、以积累为乐的人，日常生活中我们要勤于思考，善于积累，让你的文采有亮点，显文采，上档次，得高分。

教学后记：材料作文的写法

近期作文复习练习了材料作文的写法，通过学生的习作发现学生在材料作文的写作中存在的主要问题是审题立意，而这也是材料作文写作中最困难、最重要的一关，我就个人的教学实践谈点体会。

一、读懂材料，找出关键词句

关键词句往往是文眼，它蕴含着材料的主旨，可把它作为材料作文审题立意的突破口。如何找关键词呢？

（1）从揭示语中找关键词句。

（2）从反复出现的词句中找关键词句。

（3）在材料的对比中找关键词句。

二、找准角度，选好立意方向

角度即材料表现出来的看问题的出发点。找出发点就要正确理解材料主旨，准确把握命题的意图，其次还要找到适合自己写作的角度。

三、联系实际，丰富文章内容

选好了角度，可以用横向、反向、延伸、类比等方式来进行联想，由此及彼地联系其他材料，找出相似点，可联系当前实际，增强时代特征和生活气息。

总之，材料作文的审题立意，如能落实这三点，就可写出不偏不倚、内容充实的好文章。

以上是我一点粗浅的认识，还望同人们不吝赐教。

问渠那得清如许　为有源头活水来

——由读书想到的

工作中常有感叹，但有一个问题一直困扰着我，整日忙于备课、上课、批改作业、辅导学生，手中常年拿着三本书：课本、教参、练习册，书柜里的书越来越陌生，图书馆离我越来越远。

近日偶然看报，一则统计数据令我大吃一惊：在一些中小学，有相当一部分教师很少有时间去阅读课外书，整日被"正统"的教科书所包围，而在去学校图书馆的教师中，去得最少的竟然是语文教师。

作为一名语文教师，我看到这不能不汗颜，我不正是其中的一位吗？

教师为什么会出现阅读贫乏现象？可能我们会抱怨工作忙，压力大，没时间，这固然是理由，但自身不重视阅读课外书籍应该是主要原因吧？

我们是教师，却不怎么重视读书。"师者，所以传道受业解惑也。"我们凭什么"传道受业解惑"呢？我们的源头活水在哪里？四年的大学知识加上多年的工作经验够吗？我们常常感慨学生比我们的思维活跃，知识面广，那是因为我们精神上落后了，成了精神的贫血者。如果我们再不重视读书，输进新鲜血液，将来的某一天我们在讲台上也会因大量缺血而"昏厥"。

任何时代都可能结束，但读书的时代却永远不会，尤其是对于一个教师，任何知识都不会是多余的，而汲取知识的最重要的途径便是读书。如果我们将读书的范围仅限于课堂教学规定的范畴，或只是课本知识的有限补充，那实在太狭隘了。这样我们的知识积累将会越来越浅薄，我们的精神世界将会越来越贫乏，我们的教书之路也只会越来越窄。

苏霍姆林斯基说："学校应当成为书籍的王国，要天天看书，终生与书籍为友，这是一天也不断流的潺潺小溪，它充实着思想的江河。"这是对学生更是对教师的要求。一个人如果热爱读书，那么他会从书中得到心灵的慰藉，寻找到人生的坐标。漫长的黑夜中，书籍是领航的明灯；寂寞孤独中，书籍是真诚的友人；失意消沉时，书籍是振奋的号角。

认识到了读书的重要性，激发起了读书的欲望，还有一个怎样读，读什么的问题。

怎样读？不要等到有了大块的时间才去读书，要见缝插针，想读就读；不要等到坐在书房、图书馆里才阅读，任何地方都可以阅读；不要等到用的时候才去读，急功近利永远不可能得利；不要嫌读书读晚了，古人曰："朝闻道，夕死可矣。"读永远比不读强。

读书的过程是一个欣赏和接受的过程，也是一个思考和感悟的过程，孟子说："尽信书不如无书。"读书的过程还是一个质疑的过程。

读书是学习之根本，读书应该成为语文教师最重要的事情。那么语文教师应该怎样去阅读呢？我有几点想法：

丰富自己的书房。书房里要经常增加些新书，各方面的书籍都需要，我们的书房应该是个杂货铺，海纳百川，才会长流不息；书读万种，才会充实不乏。

经常浏览报纸杂志。从报纸杂志上可了解信息，捕捉有价值的知识，尤其是从相关教学杂志上，可获得灵感，促进教学，得到教益。

要读些教育理论方面的书籍。读苏霍姆林斯基，读陶行知，读魏书生，读他们的教育思想，读他们的教育理念，在我们糊涂时，能看清方向；在我们浮躁时，能静心思考。

读与本专业相关的书。人们说文史哲不分家，而且语文并不是孤立存在的，读一些哲学、历史、地理等方面的书，以便与本学科知识相映相承，可以扩大我们对文学现象的认识范围。

读前沿的科学书籍。素质教育对教师素质的要求越来越高，一个教师如果不能及时了解前沿科学的动态和特点，自己的思想就跟不上时代前进的脚步，也就不会把最新鲜、最感动、最具生命力的知识传授给学生，也就完不成时代赋予我们的重任。

杨绛先生在《读书苦乐》中打趣说："读书好比串门，要参见钦佩的老师或拜谒有名的学者，不必事前打招呼求见，也不怕搅扰主人。"

　　读书与教书同样重要，读书是获得知识的源头、活水，读书是为了教好书，教书需要时时读书，常读常新，常读常清。在知识的海洋里，有书做源头，我们会永不停歇，源源不断；在教育的道路上，有书相伴，我们会走得更坚实，更长远。

语文高考复习还应关注社会热点话题

高考复习，我们一再强调重视基础，强化能力，回归课本，这也是我们多年备考的成功经验。我想除此之外，高三语文教师在复习中还应将社会热点话题渗透在复习过程中。

社会热点话题彰显了时代精神，把握时代脉搏，考查考生对社会的关注程度和对社会问题的剖析能力，所以近年在高考试题中出现了不少社会热点话题。

一、社会热点话题在高考试卷中的命题形式

题型之一：语文基础知识试题中会出现一些社会热点话题，如成语题、病句题、排序题等。

例如，2009年高考全国卷Ⅰ的病句题中出现了"甲流"；2009年高考全国卷Ⅱ成语题出现了"新版电视剧《四世同堂》"，病句题出现了"汶川地震后形成的35个堰塞湖"；2009年高考湖南卷病句题出现了"奥运开幕式以'和'为核心创意""小品《不差钱》"。另外诸如"体育比赛""重要会议""名人近况"等热点信息都经常出现在基础知识题中。

题型之二：科技说明文大都是选取最前沿的自然科学和社会科学，甚至针对当年的社会热点问题。

2009年高考四川卷《抗生素滥用与DNA污染》直击人类健康话题；2009年高考浙江卷《大学教育的主旨》直击人才创新与大学生就业热点问题；2008年高考北京卷《塑料袋的科学迷思》直面当年限塑令；2008年高考天津卷是有关绿色经济；2008年高考上海卷是有关"上海世博会的'城市地标'"，都涉及了当年的社会热点话题。

题型之三：新闻评论等语言表达类题目。

例如2008年高考全国卷Ⅰ第20题，写一段"畅想奥运"主题班会的开场白，2008年高考北京试卷中出现了为"奥运系列史话展板"写一段话，"奥运"这一热点话题出现在了高考语文试卷中。2009年高考北京卷第22题是为10月1日的"阅兵方阵"或"阅兵队伍"写一段解说词；2009年高考安徽卷第18题图文转换是有关"农民工权益"的话题；2009年高考福建卷第16题是就"网上祭祖"写一段评论；2009年高考四川卷第18题是为"汶川大地震中抢救伤员的照片"写一段颂扬的话。

题型之四：作文题对社会热点、焦点问题情有独钟。

近年来，作文题是与社会热点问题关系最密切的。例如，2008年汶川大地震距离高考只有20多天了，可当年以汶川大地震为内容的高考作文题就有3个（全国卷Ⅰ、四川卷、安徽卷），出题教师在作文命题中对社会热点问题的情有独钟可见一斑。

2009年高考作文不但有以社会热点时事为材料的作文题，还有以针对社会热点时事来发表评论的作文题。例如，山东卷以"见证"为题，江苏卷以"品味时尚"为题，辽宁卷以"明星代言"为内容发表评论；天津卷以"我说90后"为话题，北京卷以"我有一双隐形的翅膀"为题，江西卷以"圆明园兽首的拍卖"为内容发表评论。

这些作文在内容上是当年的热点新闻或热点评论，有鲜明的时代气息和现实意义。

二、高考复习中如何体现社会热点话题

策略之一：熟悉一年内的国内外大事，2009年的大事如"国庆大阅兵""打黑除恶""足球反赌""网络反腐""低碳生活""两会上温总理提出的让中国人活得更有尊严""广州亚运会""上海世博会""玉树地震"等。

策略之二：关注一年内的焦点人物，如被誉为科学之帜，民族之魂的钱学森逝世，一代文学大师季羡林教授逝世，小岗人民的好书记沈浩，海地地震中遇难的8名维和警察。

策略之三：关注社会热点评论，如"北大推出的校长实名制推荐""湖

北荆州大学生救人事件""富二代"的争议等。

策略之四：关注公民基本道德素质和社会主义核心价值观。高考作文评判的一个重要标准就是作文的思想内容明确，这里的明确就是要符合道德准则和正确的人生观、价值观、世界观，这是一条不可超越的底线，也是考查一个考生道德修养的最好途径。爱国、诚信、正义、责任、博爱、奉献等都是当今社会的核心价值观，尤其值得我们在复习中关注。

备战高考既要复习课本知识，也要关注社会热点。

回归教材，夯实基础

——关于高考文言文复习的一点思考

一、文言文是高考的重要内容

文言文教学是中学语文教学中的重点与难点，文言文阅读水平的高低对于学生参加高考以及升入大学后的继续深造，均有十分重要的影响，因此对文言文阅读的考查多年来始终是高考的一个重要内容。

《考试大纲》对文言文考点的要求是能阅读浅易的文言文，具体考查对常见文言实词、虚词的理解，对文言特殊句式的理解，文言语句的理解翻译，信息筛选，要点归纳，中心概括，作者观点的概括、分析、评价。

自2004年部分省市单独命题开始，文言文的选材有了较大变化。2004年全国15套试卷从10部史书和名家传记中选文，选文范围扩大了，但仍以传记为主。2005年选文范围更扩大了，有7套试题不从史书选文，或取自《庄子》，或取自《吕氏春秋》等，但仍遵循浅易文言文的原则，以记叙文尤其是人物传记为主，难度并未增加。

据专家分析，2007年文言文试题变数不大，选材还是传记文章，尤其是全国卷，内容则仍是忠臣、良将、仁人、义士之类，往往与现实社会中的某些现象对应，如精神文明、廉政建设、三农问题等。

文言文阅读分客观选择题和翻译题两种类型。2004年全国卷文言文阅读共有5小题，第11题至第14题为选择题，第15题为翻译题，共20分。2005年和2006年的文言文阅读，由2004年的选择题4题调整为3题，赋分9分；第11题是文言文翻译，赋分由2004年的8分增加到10分，加大了文言文语句翻译的赋分，这告诉我们：文言文阅读的关键在语句的理解。加大了对文言语句翻译的考查，实质上包括了对文言实词、虚词、句式的考查，由静态的分析到动态的运用。

二、文言文复习的三个主要方面

针对近两年的文言文考题的内容和形式及其变化，我们将如何进行文言文的高考复习呢？

高考第一轮复习在整个语文高考备考中起着至关重要的作用：一是夯实基础知识，二是明确高考目标，三是把握考点要求，四是明晰高考题型，五是初步形成能力。为此，我们必须掌握科学的复习方法，培养良好的学习习惯，开拓思维，巩固知识，提高素养，逐渐形成语文能力。也只有这样复习才能取得事半功倍的效果，语文备考才能立于不败之地。

近年来，语文高考试题高度关注社会生活，关注对考生能力的考查，所以单纯从试卷涉及的文字内容看，好像是脱离了高中课本，文言文的选材也全在课外，因此，有些考生往往只啃几本语文复习资料，沉迷于漫无边际的题海，而把高中阶段的六本教材放在一边置之不理。其实这种做法是十分错误的，每一年的《考试大纲》在阐述"考试内容及能力要求的依据"时几乎都强调语文高考试题源于教材但又不拘泥于教材，指出高考知识在课内，题材在课外。其实，高考试卷上涉及的一些知识点都在教材里有原型。

1. 实词方面

如2004年全国卷乙卷第11题：对下列句中的加点词的解释，不正确的一项是（　　）。

A. 岁凶，汝旁诸县多盗。　　　　　　　　　凶：不吉利。
B. 怪白令"愿往来里中察奸民"。　　　　　　白：禀告。
C. 戒曰："……不汝容也！"少年皆诺。　　　诺：答应。
D. 夜入其家，探其箧，不使之知觉。　　　　箧：小箱子。

这道题所考查的四个实词，其中"凶""白""诺"都可以在教材中找到。《齐桓晋文之事》中有"乐岁终身苦，凶年不免于死亡"的句子，就能推断"凶"为"坏年成"的意思，从而判断不正确的一项为A；《孔雀东南飞》中"便可白公姥"中的"白"就有"禀告"之意；《触龙说赵太后》中

"诺。恣君之所使之"中的"诺"为"答应"之义。"篚"字从字形上推断是竹子做的一种容器。

再如2004年全国卷丙卷第11题：对下列句子中加点的词的解释，不正确的一项是（ ）。

A. 每闻隐之哭声，辍餐投箸。　　　　　辍：停止。

B. 汝若居铨衡，当举如此辈人。　　　　举：推荐。

C. 隐之遂阶清级，累迁晋陵太守。　　　迁：升职。

D. 一篚之宝，可资数世。　　　　　　　资：积蓄。

这一题中的几个加点的词在课文中也都可以找到，"辍耕之垄上"（《陈涉世家》）中的"辍"就是"停止"，今天我们说的"辍学"的"辍"就是这个意思。"后刺史臣荣举臣秀才"（《陈情表》）里的"举"就是"举荐、推举、推荐"之意。关于"迁"在讲课中多次强调，"迁"有"晋升或调动官职"之意，如《张衡传》中"安帝雅闻善术学，公车特征拜郎中，再迁为太史令"；也有"贬谪、放逐"之意，如《屈原列传》中"顷襄王怒而迁之"，《琵琶行》中"感斯人言，是夕始觉有迁谪意"。"资"有"钱财、财物"之意，也有"供给、以钱物帮助"之意，在D中"资"显然做动词，当"资助"讲，故D项错。

再如2005年全国卷乙卷第8题中"辩""啖""谏""属"在教材中也都可以找到答案，A项中的"辩"字，在原句中的意思是"有辩才，善于言辞"的意思，试题中所列"辩驳"是否定别人意见的意思，常用于辩论之中，由于意义和使用场合的不同，因而A项是错误的。B项中"啖"字的基本义是"吃"，教材有"日啖荔枝三百颗"，但在阅读材料的上下文表示"用枣脯给马吃"的意思，因而注释是"给……吃"，这是正确的。C项中的"谏"是用言语规劝君主或尊长改正错误之意，例"邹忌讽齐王纳谏"。D项"属"是个通假字，通"嘱"，"嘱咐"的意思，例"属予作文以记之"（《岳阳楼记》）。

又如2006年全国卷甲卷第8题中"匿""意""拜""阿"在教材中也都可以找到答案，A项中的"匿"应是"躲藏"，古今的常用义也是躲藏，如《五人墓碑记》中"中丞匿于溷藩以免"的"匿"就是"躲藏"之义。B项中的"意"为"料想"，《促织》中"岂意其至此哉？"的"意"

即为"料想"。C项中的"拜"为"授官"，在《陈情表》中的"拜臣郎中"与此用法一样。D项中的"阿"字是"迎合"的意思，现代仍有成语"阿谀奉承"在广泛使用。

从以上实词的考查情况可以看出，试题中加点的词绝大部分都是在教材中出现过的，只是改变了语境。因此，在备考复习中，一要掌握一些词义推断的常用方法，如语境分析法、对称结构辨认法、语法分析法、邻字帮助法等，二要归纳整理并记忆学过的古今异义词语和课本上的重要注解。

2. 虚词方面

如2004年全国卷甲卷第12题：下列各组句子中，加点的词的意义和用法不相同的一组是（　　）。

A. { 郡不加寻察，遂结竟其罪。 / 于是怀石，遂自投汨罗江死。（《屈原列传》）

B. { 尝哀泣外门，因谢病去。 / 于是相如前进缶，因跪请秦王。（《廉颇蔺相如列传》）

C. { 宜戮讼者，以谢冤魂。 / 非挟太山以超北海之类也。（《齐桓晋文之事》）

D. { 即刑讼女而祭妇墓 / 太守归而宾客从也。（《醉翁亭记》）

再如2004年全国卷乙卷第12题：

A. { 得龙城废田数顷，退而力耕。 / 尽心力而为之，后必有灾。（《齐桓晋文之事》）

B. { 因召里中少年，戒曰…… / 府吏闻此变，因求假暂归。（《孔雀东南飞》）

C. { 与我银，为君致阁职。 / 秦王为赵王击缶。（《廉颇蔺相如列传》）

D. { 遂弃其粟，以舟载之。 / 欲以客往赴秦军。（《信陵君窃符救赵》）

又如2004年全国卷丙卷第12题出现了以下课本中的句子：《齐桓晋文之事》中"及陷于罪，然后从而刑之"；《孔雀东南飞》中"慎勿为妇死，贵贱情何薄"；《廉颇蔺相如列传》中"设九宾于廷，臣乃敢上璧"；《岳阳楼记》中"予尝求古仁人之心，或异二者之为"。

再如2005年全国卷甲卷第8题中出现了以下课本中的句子：《过秦论》中"秦有余力而制其弊"；《廉颇蔺相如列传》中"欲勿予，即患秦兵之来"；《孔雀东南飞》中"府吏闻此变，因求假暂归"；《庄暴见孟子》中"王尝语庄子以好乐，有诸"。

从以上试题可以得出一个结论，文章虚词的考查都是一个教材、一个选材比较辨别，所以掌握教材中的重要虚词很重要。《考试大纲》要求的18个文言虚词须逐一系统地归纳用法，学会根据语法关系确定词性是第一要素。18个虚词中以"以、其、而、之、因、乃、焉"等是重中之重，对于常规用法注意总结规律。因此，教材是知识基点，它有恒常性；选文是实际语境，它具有可变性，联结这二者的细节是迁移能力，只有以课本为蓝本，将课本中涉及的有关虚词用法的典型例句揣摩清楚，领悟透彻，打好厚实的知识基点才能为迁移积蓄底气和实力，从而以不变应万变。

3. 文句的翻译

文言文翻译应抓住以下关键点：

一是关键词语，主要是文言实词。做题时要将关键词放在特定的语言环境中，结合上下文语境，认真阅读，认真分析，正确解释这些词语的具体含义，从而准确翻译。

例如2003年全国卷翻译题①："裴矩遂能廷折，不肯面从"一句中，除了要抓住实词"廷、面"的词类活用，"折、从"的准确翻译外，还应抓住虚词"遂"的用法。

教材中有："相如廷斥之""能面刺寡人之过者""故民之从之也轻""然操遂能克绍以弱为强者"。

同年翻译题②："君恶闻其过，则忠化为佞；君乐闻直言，则佞化为忠"一句，除"恶、乐、佞"等几个关键实词外，虚词"其"也是关键点，在句中是第一人称代词，可译作"自己的"。教材中有"余亦悔其随之而不得极夫游之乐也"，其中"其"也译作"自己的"。

再如2004年全国卷甲卷翻译题①中的重要词语："比境"的"比"，"贸籴"的"籴"，与教材中"天涯若比邻"中的"比"意思相同，"籴"和"粜"是反义词。

2004年全国卷丙卷中"裁""孝悌"同教材《促织》《寡人之于国》中的用法同。

二是注意特殊文言句式。文言文中的特殊句式主要有判断句、倒装句、省略句、被动句等。文言文语言简练的特点决定了省略的广泛运用，译时必须补出省略成分，这样译文才会顺畅，倒装句要调整语序，以适合现代汉语的习惯，还要掌握一定的固定句式。

2005年全国卷甲卷翻译题①中"而吉见谓忧边思职"，是用"见"表被动，教材中有"信而见疑，忠而被谤"。

2005年全国卷丙卷翻译题②中的"此岂非天佑其勤恪也？"译成反问句，教材中有"岂得之难而失之易欤""岂非人事哉？"。

2004年全国卷丁卷翻译题②中的"此金者，圣主所以惠养老臣也"是一个典型的判断句。

2006年全国卷乙卷翻译题①"近代未之有也"，是文言文中的一个特殊句式——宾语前置句，译做"从未有过这样的事"。翻译第②题中的"居"译做"停留"，"终"译做"最终"。"妻子"是个古今异义词，这些学生都不陌生。

翻译一定要坚守"直译为主，意译为辅"的原则，在整体把握阅读材料、正确理解语句大意的前提下，抓住关键词、特殊句式就能准确翻译文句。

三、文言文复习离不开教材

从以上举例分析中可以看出，文言文的复习不可一味地去做模拟题，而应重视课本的复习，可选课文里的经典文章重点复习，如《左传》《史记》以及唐宋八大家的文章，最好能精读10篇左右。注意文中常见的文言实词和文言虚词的用法，积累一定量的文言实词，如通假字、一词多义、古今异义、使动用法、意动用法、名词做状语等，同时要特别加强文言文翻译的训练。

如果脱离了教材，考生的复习就是无源之水、无本之木，所以，在复习时切不可忽视教材，必须花费一定的时间系统地、全面地梳理并掌握教材中出现的知识点，以不变应万变。正如王国维所说的"入乎其内，出乎其外"。我们的文言文复习应该是既能抓住课本的重点，又能跳出课本，以此来解决高考试卷中的问题。

再谈文言文复习要回归教材

四年前写过一篇《回归教材，夯实基础——关于高考文言文复习的一点思考》。高考结束了，反思一年的高考复习，还想就高考文言文复习再谈谈，还想就文言文复习为何要回归教材的话题再谈谈，所以我的题目就叫"再谈文言文复习要回归教材"。

语文教材是学生学习的主要依据，一至六册教材选择的120多篇课文可以说都是专家精心挑选的，特别是其中的文言文，无论是内容上还是知识上，都是我国丰富的古代文学宝库中的精华，是最有代表性的作品。纵观历年高考考查的文言文基础知识，如实词、虚词的用法等多从教材中来，所以我还是认为应当充分利用我们的语文教材，夯实基础，积累一到六册文言文中通假字、词类活用、特殊句式，背诵名句名段，掌握翻译要领。在有一定的文言文知识积累的基础上再进行知识的迁移。切忌一进入高考复习就认为课本没有什么用处了，于是抛开教材，完全投入到题海之中。进入高三，教师和学生手头复习资料一大堆，为了提高成绩，不讲求复习过程的循序渐进，不分重点难点，日夜不停地做了一篇又一篇课外的文言文。这样做，有时会出现一种怪现象：训练后学生做题的成绩提高不明显甚至还有可能不如训练之前。究其原因，我认为还是师生在复习时太急功近利，舍本逐末。我们都知道高考是"材料在外，答案在内"，这里的内就是教材。

文言文教学是中学语文教学中的重点与难点，文言文阅读水平的高低对于学生参加高考以及升入大学后的继续深造，均有十分重要的影响，因此对文言文阅读的考查多年来始终是高考的一个重要内容。在高考试卷中，文言文阅读分客观选择题和翻译题两种类型，针对近两年的文言文考题的内容和形式，我们将如何进行文言文的高考复习呢？我的做法是：一读二记三明确，习题训练要跟上。

（1）"一读"就是利用早读课组织学生诵读学过的文言文，教师可以从教材中挑选一些经典的文言文课文，要求学生读熟或会背。古人云："读书百遍，其义自见。"书读多了，义不待解说自然明了。文言文写作的年代离我们很久远，要去理解古人的语言是很难的一件事，多读，读熟了语感就培养出来了，句式表达就掌握了。必要的时候还要要求学生会背一些课文或片段，背诵要做到：不加字，不丢字，不倒句，不误背。通过诵读、背诵不仅容易形成语感，而且有助于记忆理解。

（2）"二记"就是要求学生将教材中学习过的重点实词、重点虚词、通假字、词类活用、特殊句式一一牢记。教材中的文言文是高考的依据，是本，历年高考文言文考查的知识点总与教材中的篇目有关联，甚至有许多就是课文中出现过的词语和句式。这方面的例子我在《回归教材，夯实基础——关于高考文言文复习的一点思考》中已详尽举例说明，在此不再赘述。就我教学的经验，人教版第一册、第二册的文言文，第五册的《齐桓晋文之事》和第六册的《廉颇蔺相如列传》都是很有代表性的课文，尤其是后两篇课文，几乎涵盖了高中所有的文言现象，要精读。

（3）"三明确"就是要明确考什么。《考试大纲说明》和《考试大纲》就是我们复习的航标和指导，只有明确了考什么，我们的复习才更有针对性。例如，2010年高考《考试大纲》中的考查点包括：①理解：理解常见文言实词在文中的含义，理解常见文言虚词在文中的含义，理解与现代汉语不同的句式和用法，理解并翻译文中的句子；②分析综合：筛选文中的信息，归纳内容要点，概括中心意思，分析概括作者在文中的观点态度；③鉴赏评价：鉴赏文学作品的形象、语言和表达技巧，评价文章的思想内容和作者的观点态度。文言文的分值是19分。明确考点再对照教材中课本中的相应知识点有针对性地进行复习。

（4）习题训练要跟上。前面的基础工作做好了，基础夯实了，必要的训练就要跟上了。做文言文题，其难点在翻译，也是学生容易失分的地方，所以要作为复习的难点和重点，还是要先从教材中挑选出经典篇目中的重点句子让学生练习翻译，做到"字字落实，直译为主，意译为辅"，以课内带课外，提高学生的翻译能力。

以上几点是我在高考复习中的一点心得，不当之处还请同人多多指教。

辨析并修改病句专题之并列
词语或短语的病句辨析技巧

一、高考病句题型和考查类型

高考试卷中的病句题型有两种：一是客观题，就是辨析病句题，多以客观选择题形式考查；二是主观题，以辨析并修改病句形式考查。其中主要以客观选择题形式考查。

高考考查的病句类型是《考试大纲说明》中所规定的六种：语序不当、搭配不当、成分残缺或赘余、结构混乱、表意不明、不合逻辑。

二、考情考势分析

（1）辨析病句是高考语文考查的热点，题型稳定，基本都是四选一，要求选出没有语病的一项，分值为3分。

（2）根据高考语文要求考查的六个层级，病句题是第二个层级——理解层级。《考试大纲说明》规定的六类病句中，前四类属于结构性病句，后两类属于语意性病句。从近几年的高考试题来看，高考侧重于考查结构性病句辨析，偶或出现语意性病句单独命题的情况。

（3）并列词语或短语造成的病句类型试题，考查频率较高。

近年高考试卷中病句类型试题占比统计

年份	语文卷数量	考查病句题型试卷数量	比例	考查并列词语或短语造成的病句类型试题试卷数量	比例
2016	8	6	75%	2	33%
2015	15	12	80%	5	42%

年份	语文卷数量	考查病句题型试卷数量	比例	考查并列词语或短语造成的病句类型试题试卷数量	比例
2014	17	14	82%	3	21%
2013	11	11	100%	4	36%
2012	9	9	100%	4	44%

三、并列词语或短语造成的病句

并列词语或短语充当句子成分，使句子结构复杂化，因而容易形成语病。纵观历年高考语病题，命题者常常利用并列短语设置误项。主要表现在以下几方面。

1. 语序不当

并列短语中并列词语的一般顺序有时间先后、距离远近、范围大小、程度轻重、逻辑关系、对应关系等，如果以上顺序不当则会造成语序不当的语病。

如2012年高考广东卷"今年广东天气形势复杂，西江、北江可能出现五年一遇的洪水；省政府要求各地要立足防大汛、抢大险、抗大旱，做到排查在前、排险在前、预警在前，确保群众的生命财产安全"中由于"排查在前、排险在前、预警在前"的时间顺序不当而造成语序不当。

再如2015年高考江苏卷"一种观念只有被人们普遍并转化为整个社会的群体意识，才能成为人们自觉遵守和奉行的准则"中由于"接受、理解和掌握"的逻辑关系混乱而造成语序不当。

【备考要诀】

辨清逻辑关系，判定先后顺序。

并列词语或短语之间往往存在着一定的逻辑关系，解答此类试题，应关注以下方面：一是弄清句意及并列成分之间的关系。并列成分之间往往存在着事理、先后、轻重、大小、对应等关系，应根据句意判定其顺序是否恰当。二是看句子中并列成分之间前后对应是否正确，判定是否恰当。前后句在内容和句式上要保持对应关系，否则，将出现语病。

2. 搭配不当

搭配不当具体表现在并列短语做主语与谓语搭配不当、并列短语做谓语与宾语搭配不当、并列短语做宾语与谓语搭配不当、并列短语做宾语与主语搭配不当、并列短语做定语与中心语搭配不当等。

如2016年高考新课标Ⅰ卷"近日刚刚建成的西红门创业大街和青年创新创业大赛同步启动，绿色设计和'互联网+农业'设计是本次赛事的两大主题"中"创业大街和青年创新创业大赛"是并列短语做主语，但"创业大街与启动"搭配不当。

又如2013年高考四川卷"2013年财富全球论坛是成都自改革开放以来举办的具有里程碑意义的国际盛会，是成都推进和发展国际化建设进程面临的重大历史性机遇"中"推进和发展"并列短语做谓语，但"发展"与宾语"进程"不搭配。

再如2015年高考四川卷"市旅游局要求各风景区进一步加强对景区厕所、停车场的建设和管理，整治和引导不文明旅游的各种顽疾和陋习，有效提升景区的服务水平"中谓语"引导"与并列短语的宾语"顽疾和陋习"不搭配。

【备考要诀1】

梳理枝叶，提取主干。

辨析搭配不当的单句用"主干枝叶梳理法"，提取主干，看主语、谓语、宾语三者之间是否搭配；然后找出枝叶，看定语、状语、补语与中心语是否搭配。特别要注意句子中出现连词"和"时，前后主语谓语、主语宾语、谓语宾语是否对应搭配。

【备考要诀2】

依靠语法，借助语感。

一是重视语法分析，找出句子的主语、谓语、宾语，分析是否搭配。

二是凭借语感，判断句子是否顺畅，是否合乎语法规范。

三是注意并列词语或短语充当句子成分时与单个句子成分是否因顾此失彼而造成的搭配不当。

【备考要诀3】

抓判断词，比较范畴。

一是抓住句中的判断词和比较性动词。当看到句子中有"是、变成、成为、成了"等表判断的动词和出现"高于、低于"等具有比较性的动词时，就要注意查看句子的主语和宾语是否搭配。如"双十一变成了全民狂欢的购物和节日"，"双十一"变成"购物"显然不搭配。

二是分析主语和宾语是否属于同一范畴，不属于同一范畴则主语和宾语不搭配。如"李明德多次被评为训练先进单位和后勤保障模范单位"，"李明德"是人，"先进单位和模范单位"是单位，不属于同一范畴。

3. 表意不明

表意不明指多个并列词语与其他内容关系不明产生歧义。表意不明的类型有数字含混、范围不明、指代不明、有歧义等。

如2013年高考山东卷中"警察反复观察了两个目击者提供的弹壳，并进行技术分析，确定它们和从案发现场得到的弹壳并不是出自同一支枪"，"两个"这一数量词可以修饰"目击者"，也可以修饰"弹壳"，造成表意不明。

再如2015年高考江苏卷中"今年5月9日是俄罗斯卫国战争胜利70周年，有近30个国家和国际组织的领导人参加了在莫斯科红场举行的阅兵式"，"有近30个国家和国际组织的领导人"有歧义，可理解为"近30个国家和国际组织的"，还可以理解为"近30个领导人"。

【备考要诀1】

盯住指示代词，确定指代内容。

当看到语句中有指示代词时，一定要查看分析指示代词的内容是否确定。如果句意包含多个人、物、事，尤其要明确指代的具体内容是什么。如"宣传部在全市范围内部署开展打击新闻敲诈和假新闻的专项行动，新闻敲诈和假新闻必须受到严肃查处，这是极为重要的"一句中"这"可指代"宣传部在全市范围内部署开展打击新闻敲诈和假新闻的专项行动"，也可指代"新闻敲诈和假新闻必须受到严肃查处"，导致指代不明。

【备考要诀2】

明确修饰范围，确定唯一指向。

修饰两可造成的歧义是指由修饰语修饰的中心词不明确而造成的歧义，"两个目击者提供的弹壳"和"30个国家和国际组织的领导人"都属于此类。解答此类病句题一是抓住修饰语与中心语，看其修饰范围；二是根据指向确定是否歧义。

4. 不合逻辑

如2013年高考浙江卷中"近年来，我国在海外开展了形式多样的汉语教学、汉语推广等文化交流活动，促进了汉语国际传播，在世界主要国家和城市越来越受欢迎"，"世界主要国家和城市"中"国家和城市"是从属概念，不能并列。

再如2012年高考天津卷中"工作压力、环境污染、睡眠不足、缺乏运动等因素都会影响到人的身心健康，不健康的生活习惯、饮食习惯同样不容忽视"，"生活习惯"和"饮食习惯"属于并列不当，前者包括后者，可以将"饮食习惯"删掉。

【备考要诀】

分析并列概念，辨明是否包含。

概念并列不当是指句子中有一组并列的词语或短语之间存在包含或交叉关系，从而造成不合逻辑的语病。解答此类试题，看到句子中有并列的词语或短语时，分析它们之间是否存在属概念、种概念并列或有交叉概念并列的情况，种、属概念，交叉概念都不能并列存在。

辨析病句的方法有很多种，本文就并列词语或短语造成的语病进行专题讲析和训练，希望对高考病句专题的复习有所帮助。

参考文献

［1］北京天利考试信息网.最新3年高考真题精选详解［M］.拉萨：西藏人民出版社，2012.

［2］北京天利考试信息网.天利38套2011—2015最新五年高考真题汇编详解［M］.拉萨：西藏人民出版社，2015.

注重精讲精练　提高教学质量

——我是怎样教《过万重山漫想》的

一、教学设想

　　《过万重山漫想》是当代作家刘征的散文力作，也是1998年6月第3版高中语文第二册教材中新增的一篇讲读课文。由于教参中对这篇课文的教学指导比较简单，有关这方面的参考资料也比较少，所以在备课中我反复琢磨，不受以往教学思路的束缚，采用了比较法和讨论法、练习法相结合的方法进行教学，根据本单元和本课的教学要求，我在备课时重点解决以下几个问题：第一，通过预习，了解课文大意，解决生字生词；第二，通过比较法把课文与《长江三峡》进行比较，找出两文的异同；第三，了解本文联想和想象的突出特点，并进一步理解作者所要讴歌的首创精神；第四，通过学习引发学生的联想和想象，进而布置片段练习。这其中第二、第三点又是教学重点、难点，并设计以下板书重点突出第三点。

二、板书设计

联想	过三峡 ——→	远　古 ——→	新长征
想象	第一个	第一个	第一个
	（一个）	（四个）	（无数）
讴歌	不畏艰险	知难而进	勇于开拓
		首创精神	

43

三、教学过程

1. 检查预习

听写课文中的生字、生词。

2. 导入新课

引导学生回忆上学期学过的《长江三峡》，它是按照长江自西向东的流向作为游踪，依次介绍了船过瞿塘峡、巫峡、西陵峡时所见到的瑰丽奇特的景象。而《过万重山漫想》这篇课文也是作者写过长江三峡，接着通过比较，明确两篇课文在写法上的异同。

这样导课就明确了我在教授新课时要采用比较阅读法，即教学要点二，也很自然地让学生回忆起旧的知识，用旧的知识解决新问题，正是我们常说的"温故而知新"。

3. 标题导读

从分析课题入手，了解题意，明确本文的体裁。

具体方法是指导学生完成《同步练习册》第一题，此练习的解决使学生了解课题中的万重山出自李白绝句《早发白帝城》中的"轻舟已过万重山"；漫想的漫字是随意，不拘泥，即文章中的想可能想得很多，也可能想得很远。而想又是在过万重山时所想，过是经过、路过之意，过××地方显然是游记，作者着重写过万重山时的所想，这又是散文的特点，因此本文是一篇游记散文，在体裁上与《长江三峡》相同。

4. 课文内容的导读

因课前学生已预习过课文，对文章的内容有所了解，所以我设计了三个问题，通过学生对问题的解答，来完成教学要点二和教学要点三。

设计问题之一：既然本文是一篇游记散文，那么它就应该有作者的游踪，请在课文中找出能表现作者游踪的句子。

学生快速浏览课文后，在课文开头找出"船出了夔门"和课文结尾找出"船已经过三峡"，这两句话表明课文开头和结尾分别告诉读者"船已进入三峡"和"出了三峡"，这就是作者的游踪，而且课文首尾呼应，以船进三峡为起点，以出三峡为终点。

在弄清课文的游踪后，我紧追问一句，《长江三峡》以什么作为游踪的？学生讨论后明确：《长江三峡》以船过瞿塘峡、巫峡、西陵峡作为游踪。

设计问题之二：本文是否也像《长江三峡》那样介绍三峡雄奇秀丽的风光？如果不是，那么本文作者写过三峡时的什么？

对于第一个问题，学生在预习的基础上马上可以做出准确的回答：本文不是写三峡秀丽的风光。那么写过三峡的什么呢？这时我启发学生：从标题上考虑，再不行，请看"预习提示"。这时可能会有以下答案：想法、突然想到的、感受、联想、想象等。教师明确：本文作者写过三峡时的联想和想象。在此基础上，很自然过渡到问题三。

设计问题之三：作者在过三峡时都想到了些什么？

为了解决这一问题，我采用边读、边析、边议、边板书的方法。

先请学生齐读课文第三、四、五自然段，问：在这几个自然段中作者想到了什么？学生讨论、分析后明确：作者联想到了第一个过三峡的人以及他穿过三峡的时间、使用的交通工具、当时舆论的压力，在困难、凶险灾祸四伏等恶劣条件下他没有畏惧、退缩，这是什么精神？不畏艰险。此时完成板书第一部分。

再请一个组来朗读第十二自然段，问作者又想到了什么，学生讨论分析后明确：作者联想起远古的四个第一。第一个使用石器的人、第一个燧木取火的人、第一个弯弓射箭的人、第一个跨上马背的人，这四个第一也是人类远古时代最伟大的首创者，人类发展史上里程碑式的伟大革命，也是人类远古时代最伟大的"三峡"大穿越，就是知难而进精神的体现。此时完成板书第二部分。

这时请学生阅读课文第十三自然段，做练习，完成《同步练习册》第五题。此题综合性较强，涉及拼音、词语、修辞、复句、写作方法等多方面知识，通过此题的完成，培养了学生阅读理解分析解决问题的能力。

随后是泛读第十五自然段，问作者再一次想到了什么，明确：新长征中的无数个第一和勇于开拓的精神，完成板书第三部分。

最后教师总结：本文着重写作者过三峡时的联想和想象，这些想象中的第一又集中反映了一种知难而进、不畏艰险、勇于开拓的首创精神，也是作者要讴歌的内容和本文中心。完成板书。

以上分析讨论，我们可以看出：本文以想象、联想为主，而《长江三峡》只在篇末由"江津号"的航行联想到当时沸腾的生活、火热的斗争和革命的历程。

5.发展思维，引发想象

教师提出问题：让我们随着课文的思路，也展开丰富的联想，想想人类历史上还有哪些穿越"三峡"的人？

学生展开讨论踊跃发言：第一个登上月球的人，第一个计算出圆周率的人，第一个吃西红柿的人，第一个剪掉大辫子的人……这时课堂气氛十分活跃。

教师总结：同学们刚才说了许多，也说得很好，老师再补充几点：第一个飞向太空的人，第一个攀登珠峰的人，第一个走进南极的人，第一个驾车飞跃黄河的人，第一篇白话小说的诞生，第一枚原子弹的爆炸，改革开放的总设计师——邓小平同志第一个提出"一国两制"的构想，顺利解决了香港、澳门的回归问题。我们现在提倡素质教育，就是要培养全面发展的高素质人才，培养更多的具有首创精神的人！同学们，作为新世纪的青年，只有用知识作为桨，我们才能顺利穿越未来无数的新"三峡"！

6.布置短文训练

中国有句古话"不为最先，不为最后"，你是如何理解的，请谈谈。

_____

_____

_____

_____

四、教学感受

通过这堂课的教学，我感到精讲精练落实到课文教学中是完全可行的，不仅可行，而且很有必要。在教学本文时，我只设计了三个问题来解决课文内容，这三个问题紧密相连而又层层深入，既比较了本文与《长江三峡》的异同，又清晰地展现了本文的要点。我不是逐段分析课文，而是抓住作者的三次联想突出了中心。这样在课堂上少讲、精讲、抓住要点讲就给练留下了更多的时间，课堂上的词语听写、两次处理"同步练习"、拓展思维的说话训练，以及片段作文的训练都体现了练这一教学环节，设计的练习又从培养学生听、说、读、写能力出发，贯穿于整个教学过程中，使学生的相关能力得到锻炼，符合素质教育的要求。我深深体会到，只有增强教学的科学性，即在先进的科学的教学理论指导下，科学地传授知识，科学地培养能力，才能做到既减轻学生负担，又提高教学质量。

以上体会只是我的一孔之见，恳请老师们批评指正。

教育篇

——以真情动人，句句传馨

　　作为一名教师和学校管理工作者，我深深地喜爱着这个校园。在这百花盛开的园地里，我虚心地学习着，积极地践行着；磨砺自己的观念，形成自己的理念，坚定自己的信念。用情去做，用情去说——自有真情传馨香。

读些书，写些字，促进班主任教师专业化成长

——班主任教师专业化成长的一点想法

参加过多次培训，有一些感悟，其中最不能释怀的就是我们和专家型教师的差距到底有多大？我们班主任要成为专家型班主任还要做哪些工作？

今天就教师专业化成长谈一点个人的认识。

一、关于专家型教师的观点

1. 斯滕伯格专家型教师的特征

（1）将更多的知识用于教学问题的解决。这些知识包括所教学科的内容知识、一般教学方法知识、与具体教学内容有关的教学知识以及教学得以发生的社会和政治背景。

（2）解决教学问题的效率高。他们能在较短时间内完成更多的工作，或者明显只需要较少的努力。他们工作具有计划性且善于自我觉察，时机不成熟时，他们不会提前进行尝试。

（3）富有洞察力。他们能够鉴别出有助于问题解决的信息，并有效地将这些信息联系起来。

2. 波林纳专家型教师的标准

对教学情境的观察和判断是直觉的，不需要进行仔细的分析和思考，凭借经验就能准确地发现问题，并采取适当的解决方法。不需要有意识的努力就可以处理遇到的各种教学问题。

3. 牛顿说：专家是这样一个群体

"他们是面对越来越窄的事情知道得越来越多的人"。我们可以理解为，专家就是在某一领域知道的比普通人多一些的人。

4. 结合东西方对专家的描述，我们认为专家型教师应该是这样的

专家型教师除了要具备一般教师所具有的素质外，还必须具备教育科研素质。简单地说就是会反思、质疑、探索、总结，将理论和实际相结合。

专家型教师各有特点，但他们都有一个共性，能正确认识自己，知道自己想干什么，能想方设法得到各方的支持，有非常强烈的感召力和影响力。

二、教师职业发展的阶段

（1）波林纳将教师职业发展分为五个阶段：新手—熟练新手—胜任型—业务精干型—专家型。

（2）新手阶段（2年）—合格教师阶段（3年）—新秀阶段（4年）—优秀教师阶段（6年）—教育家型教师阶段（10年）（46.7%）。

（3）适应期（2年）—合格期（4年）—成熟期（6年）—创造期（8年）（34.4%）。

专家型教师的成功并不是一蹴而就的。人们常说"台上一分钟，台下十年功"。他们除了勤学苦练以外还不失用心。他们一直专注于自己的教学并时常琢磨如何才能教得更好。从理论上说，所有的教师应当都可以成为专家型教师。一项关于浙江省45岁以下优秀教师的调查表明，优秀教师在走上工作岗位时的基本情况并不出众，与教师的总体状况没有明显的差异，也就是说，在专业发展的问题上，专家型教师与普通教师几乎站在相同的起点上。

三、专家型教师自主发展的条件

1. 教师对专业自主发展的需求

教师对专业自主发展的需求是成长的内因，是推动专业发展的根本动力，起决定性的作用。自主性具体表现为他们具有强烈的发展意识和进取精神、明确的发展目标、顽强的意志和刻苦的精神等。

专家型教师的自主性有的源于对教育工作的热爱，有的源于较强的成就动机，有的源于外界条件的积极影响，有的源于个人先天的独特禀赋和才华，还有的源于诸多方面因素的综合作用，其自主专业发展使之既能够为实现理想和达到预定的目标几十年如一日自觉地刻苦学习、提高教学技艺、充实专业知识、完善教学基本功，也能够正视发展中的困难和问题，主动寻求机遇和挑战，在实践中提高自身素质，还能够不为外界各种诱惑所影响，专心致志地醉心于自己的教学专业工作，自觉钻研业务，精益求精。

全国人民都知道咱们当教师的累，当教师的忙，当班主任的教师就更忙更累了，可从早累到晚，从开学忙到放假，从年轻忙到中年忙到老年，我们忙出了什么结果，累出了什么滋味？到了退休我们能说出来的成绩就是教了多少届毕业班，有多少学生考上了清华、北大、复旦，可留给我们自己的又有什么？我们只是从年轻时的一个教学管理新手到退休时成了一个业务熟练的优秀教师、优秀班主任，可是最终没有达到专家型的教师的水平。

我们在一生的教育教学管理过程中比专家型教师少了什么环节呢？魏书生、任小艾他们的起点比现在的师范毕业生都低，一天师范没有上过，一本师范课本没有读过就走上了讲台，当起了教师，可他们现在都成了教育家。从他们的成功可以总结出成长为专家型教师要经过以下几个步骤。

2. 教师专业化发展的几个步骤

（1）学会读书。一是要读和本学科知识及教学相关的书；二是要读教育教学经典著作；三是要读古今中外名著；四是要读能够启迪思想的最新书籍。

（2）学会调查。调查一定要有目的。调查的形式可以采用问卷式、访谈式或其他相宜的形式。调查问题的设置可以是单选，也可以是多选，也可以是开放式的。

（3）学会反思。常见的三类反思：课后反思、考后反思、事后反思。反思大多以自己参与的活动为主，可以反思过程、结果、方法，更重要的是由此得来的启发和深度思考。

（4）学会创新。不要把创新看作是高不可攀的事，或许一个用词、一句评语、一项活动、一个体态语都会激发很奇妙的体验。

（5）学会总结。总结忌求全求长，应该注意条分缕析，重点突出，有详有略。总结可以是对某个知识点、某个章节内容的总结，更多的是对于某阶段工作，或某项工作的总结。总结相比反思，应该是更全面的一种形式。

（6）学会提升。提升应该是以上所有活动的终极目标，也是一时难以见到成效的目标，这是个潜滋暗长的过程，常常会有柳暗花明的结果。

四、读书、反思和总结

今天在这里我重点谈谈读书、反思和总结。

1. 学会读书学习，坚持自主学习

专家型教师都是好奇又好学的人，由于他们从不满足于自己已知的东西，所以他们勤奋好学，具有自觉学习的倾向，并养成了严谨治学的习惯。

湖南省特级教师杨玉声曾以"教学生涯四十年"为题回顾自己专业成长的经历，认为自己能从"一个高小生、一个记码员兼业余教师"成为"中学高级教师和特级教师"，靠的就是"长年累月坚持自学"。类似的事迹几乎可以见诸所有特级教师的经历中。一项针对特级教师的调查表明，有47.8%的特级教师在开始走上教师岗位时并不具备合格的学历，但他们最终都荣获了特级教师的称号，原因就是在于他们通过自身的刻苦努力——求知若渴、自强不息、废寝忘食、不懈拼搏——积累起大量的知识和经验，形成了扎实的专业知识和经验，具备了深厚的教学功底，进而形成了独特的教学风格。他们的经历表明：成功不是由于天赋好或起点高，而更多的是依靠后天的努力！同时调查还发现，大多数特级教师具有起步早、发展快的成长特点，这也是因为他们比别人更勤奋地学习、更刻苦地钻研并因此而累积了更丰富的专业知识的缘故。

普通教师要成为专家型教师必须多读书。有的教师教了一辈子书，课堂上的教学经验非常丰富，班级的管理经验也十分丰富。可是一旦让他来讲，就不行了，因为没有理论来支撑。教育理论从哪里来？读书。

我们教师都有这样的苦恼：想读的书太多，又不知道从哪里入手；工作太累太烦，很想读书却没有时间；读了许多书就是在工作中用不上……凡此种种，困惑很多。

我想，老师们，我们一学期读一本书能做到吗？

《人民日报》2012年1月6日发表了时任全国政协常委、副秘书长，民进中央副主席朱永新的一篇名为《一个民族的精神境界取决于阅读水平》的文章。文中谈到两点：一个人的精神发育史就是他的阅读史，一个民族的精神境界取决于这个民族的阅读水平。

一个国家、一个民族的共同阅读水平决定了其精神力量，而精神的力量对于一个国家软实力与核心竞争力的培育，起着关键作用。国际阅读协会在一份报告中曾经指出，阅读能力的高低直接影响到一个国家和民族的未来。

人类的物质世界和精神世界，几乎都被犹太人改变过——马克思的唯物史观改变过或依然在改变着人类对社会和历史的观点；弗洛伊德的精神分析学说改变了人类对自身的认识；爱因斯坦的相对论改变了人类对物理世界和时空的认识。在全美200名最有影响的名人中，在100多名诺贝尔奖得主中，犹太人占了一半；在全美名牌大学教授中，犹太人占1/3；全美律师中，犹太人占1/4；美国的百万富翁中，犹太人占1/3；全美文学、戏剧、音乐的一流作家中，犹太人占60%……不胜枚举。

一个民族获得这些杰出成就，靠的是什么？是智慧。而智慧的背后是犹太人精神成长历程中对于书籍宗教般的情怀。犹太人嗜书如命，将阅读置于很高的地位：每4500个犹太人就拥有一个图书馆；在以色列，平均每6个人就订一份英文报纸；犹太人会在书上涂一层蜂蜜，让孩子一生下来就知道书是甜的，他们还喜欢将书放在枕边。这种对书的迷恋和敬畏之情，非常值得我们关注。

我认为，阅读对我们不断强化文化认同，凝聚国家民心，振奋民族精神，提高公民素质，纯净社会风气，构建核心价值等都具有不可替代的作用。

文化在则人在，人在则民族在。有文化有信仰的人坚强，文化是坚强性格的基础。

所以老师们，我们为了让自己变得再智慧一点，少一点瞎忙，多一些方法，也需要读一些书。

学会调查。调查的方法很多：学生问卷调查、学生谈话记录、家长访谈记录都是调查。

调查的内容也很多，如学习兴趣、厌学心理、学习效率、课外活动、人生规划、时事了解、青春期的异性交往等。这也是我们在工作中积累的第一手的最宝贵的资料。访谈的最大优点是即时性，30%的教师认为在自身的专业化发展过程中学生对自己的帮助最大，是学生在帮助我们成长，真可谓教学相长。

2. 学会反思

学会反思和总结。没有反思就没有进步，教学反思是教师以课堂教学管理的实践作为认识对象，对自己的教学管理的观念、目标、环节、方法、效果等进行全面而深入的冷静思考、分析和总结。通过反思，教师不断更新观念、改变方法、提升水平、提高质量，达到更优的教学管理状态。教学管理的反思是成为专家型教师的有效途径，对于教师创新教学实践有重要意义。

思之则活，思活则深，思深则透，思透则新，思新则进。美国心理学家波林纳总结了教师的成长公式：成长=经验+反思。他还说，如果一个教师仅仅满足于获得的经验而不对经验进行深入的思考，他的结果可能是"即使有20年的教学经验，也许只是一年工作的20次重复，他永远只能停留在一个新手教师的水准上"。

3. 教学反思写什么

（1）写成功之处。每堂课总有成功之处，每次班级活动总有亮点，班主任教师要做教育教学的有心人，坚持把这种成功之处记录下来并长期积累，经验自然日益丰富，有助于形成自己的教学和管理风格。

（2）写不足之处。无论课堂教学设计如何完善，教学实践多么成功，也不可能十全十美，难免有疏漏之处，课后要静下心来，对工作进行系统的回顾和梳理，并对其做深刻的反思、探究和剖析，使今后的教育教学工作更上一层楼。

（3）写教学管理的灵感。在教育教学活动中，随着教学内容的展开，师生的思维发展及情感交流的融洽，往往会因为一些偶发事件而产生瞬间灵感，这些智慧的火花常常是不由自主、突然而至，若不及时利用课后反思去捕捉，便会因时过境迁而烟消云散，令人遗憾不已。

（4）写学生的活动情况。在课堂教学和实践活动中，学生是主体，学生创新的火花在闪烁，学生可能会提出难能可贵的见解，或者学生在课堂和活动中遇到的困难及普遍存在的问题，把这些记录下来可以扩宽我们教师的思路，以便有针对性地改进教育教学活动。

4. 如何写教学反思

写教学反思要遵循这样几个原则：

（1）及时性，趁热打铁。课后或活动后要及时回忆，抓住稍纵即逝的教育灵感和感受。

（2）恒久性，锲而不舍。要系统全面地积累经验，升华、凝结就要有大量的反思笔记作为基础，这就需要我们持之以恒。

（3）简约型，言简意赅。抓住重点，捕捉亮点，抓住要害点，切记面面俱到，主次不分，喧宾夺主。

（4）探究性，格物致知。记录的问题要有一定的研究价值，具有一定的开放性，与实践和时代相结合。

（5）上升性，历练精华。教育教学工作有一定的周期性，当我们重复同一个内容时就可以结合反思中的感悟，在教学方法和形式上有新的突破。

总之，写教学反思，贵在及时，贵在坚持，贵在执着的追求。一有所得，及时写下；有话则长，无话则短；以写促思，以思促教；长期积累，必有"集腋成裘，聚沙成塔"的收获。

老师们，班主任应该成为三能人才：能干，能写，能说。由传统性地写总结、讲故事到现代性地写论文、讲研究性案例，就是说我们要明白我们为什么要这么干，这么干的依据是什么，这么干会产生什么效果。

最后，期待我们能在班主任专业化成长的道路上迈开艰难的第一步！

班主任校本培训的"四项基本原则"

　　为了贯彻落实《中共中央国务院关于进一步加强和改进未成年人思想道德建设的若干意见》，全面提高中小学班主任队伍的素质和能力，根据《教育部关于进一步加强中小学班主任工作的意见》的要求，教育部决定启动实施《全国中小学班主任培训计划》（以下简称《计划》），要求从2006年12月起建立中小学班主任岗位培训制度。

　　《计划》指出班主任培训工作的宗旨和意义在于："中小学班主任是中小学教师队伍的重要组成部分，是班级工作的组织者、班集体建设的指导者、中小学生健康成长的引领者，是中小学思想道德教育的骨干，是沟通家长和社区的桥梁，是实施素质教育的重要力量。加强中小学班主任培训是新时期贯彻党的教育方针，加强和改进未成年人思想道德建设的迫切需要，是全面实施素质教育，全面提高教育质量的必然要求，是加强班主任队伍建设的重要举措。实施本计划旨在将中小学班主任培训纳入教师全员培训计划，建立中小学班主任培训制度，全面提高班主任履行工作职责的能力。实施全国中小学班主任培训计划，对于从整体上提高中小学班主任队伍的素质和班主任工作水平，促进基础教育的改革发展具有重要意义。"

　　应该说，这是国家首次启动实施的针对全国中小学几百万班主任教师的培训计划，其工程之大，意义之重，任务之艰巨，要求之迫切不言而喻。因此，为了有效地实现这一目标与任务，《计划》同时又提出了从教育部到基层学校分层实施的具体要求。对于学校层面，《计划》指出："中小学校要制定本校班主任培训计划，积极组织本校班主任参加各层次的培训活动，组织班主任开展校本研修，进行班主任培训学分登记等。"

　　也就是说，只有将校本培训扎扎实实地落到实处，才是圆满实现这一任务目标的最终落脚之处、生根之处、发芽之处、开花结果之处。那么，如何借助《计划》这股强劲之风，来启动校本培训的航船呢？本文结合我从事这一方面工作的具体实践与理性思考，提出了班主任校本培训的"四项基本原则"。

一、培训模式——兼容性

校本培训模式建构的方法很多，既可以从实践出发，经过概括、归纳、综合，提出各种培训模式，也可以从理论出发，经过类比、演绎、分析，提出各种培训模式。现就常见的几种模式讨论如下。

1. "参与·体验·反思"模式

强调校本培训应从班主任个体的经验和认知结构出发，充分尊重班主任的个性，努力挖掘其主观能动性和潜能，引导其积极参与活动，通过体验、反思提升自身的专业素质和班级管理技能。

2. "理论·技能·应用"模式

通过在一定时段对一些新的或传统经典教育理论的剖析、研讨，结合班主任具体工作的实际问题，探讨解决这些问题的方法，并提出一些具体的应对策略，来提升班主任运用理论指导实际工作的能力。

3. "案例·分析·迁移"模式

收集或设计班级管理中的典型案例，引导参训人员设身处地对案例中的事件进行科学分析，弄清问题产生的原因，寻求解决的办法，并在此基础上设计新的相关案例，逐步形成迁移能力。

……

作为一种可以应用的模式很难说孰优孰劣，我们在具体实践中应该充分考虑到培训的对象、培训的内容和培训的目标，从而选择比较恰当的培训模式作为载体来实施我们的培训计划。

二、培训主体——针对性

培训主体的针对性原则强调两个层面的含义。

1. 培训对象层面

对于接受培训的班主任教师，我们应该做到因材施教，根据他们的成熟度及工作需求，选择培训方式，从而实现"运用问题学习，促进校本培训"的目标。

2. 培训内容层面

常见的培训内容有：通识型培训（如政策法规、师德培训）、技能型培训、实践型培训、评价型培训、理论型培训和研究型培训。

这种以问题为本的学习能使校本培训更有效、更有针对性，它会使培训内容充分体现差异性和实用性，使培训真正从校外回归到校内、从课外回归到课内，将班级管理与实际教学中的问题化为学习和讨论的教材，提高教师发现问题、研究问题、解决问题的能力，切实地与教师成长相结合。

三、培训途径——多样性

在培训的途径上，可以采用多种形式结合的方法，力求全方位、多层次，构建立体化培训网络。具体实施中可以采用如下三种类型的培训方式。

1. 浸泡式

浸泡式就是通过以听、看为主的方式，通过耳濡目染来实施，重点在于理论层面和新理念、新思维、新方法的"洗脑"培训。

（1）专家讲座。学校定期聘请校内外有较高理论水平和实践经验的教师、专家、学者来校讲学，以扩展教师们的视野，提高教师们的水平。

（2）访问考察。每年划拨一定数量的经费，安排不同层次的教师外出访问考察，学习先进的教育教学理念，学习科学的教育教学方法和管理方法，推动本校班主任队伍整体素质的提高。

（3）专题培训。学校鼓励教师参加上级教育主管部门组织的各种培训，同时积极创造条件，组织各种形式的校内培训，为教师的学习搭建平台。

（4）与高校合作。学校应通过逐步加强与区内外高校的合作，充分利用高校的教育教学资源，拓宽校本培训的师资渠道，增加教师培训机会。

（5）远程培训。充分利用现代教育技术，扩大培训视野，发挥校园网的功能，延伸培训触角，逐步实现班主任培训工作的全天候与个性化。

2. 体验式

体验式就是岗位培训，通过"在大海中学会游泳，在战争中学会战争"的方式来实施，重点在于岗位特点、具体方法、应变处理等操作层面的培训。

（1）以老带新。充分发挥老教师在校本培训工作中的作用，进一步完善"一帮一、结对子"的师徒式培训方式，使其制度化、规范化。

（2）岗前见习。对于刚入校的青年教师，暂不适合直接做班主任的或拟安排其担任高一层次班主任工作的，可以先安排其担任见习班主任，了解班级常规管理的基本思路与工作要求，熟悉不同层面班级学生的管理特点。

（3）以会代训。以会代训是一条行之有效的校本培训渠道，要精心组织班主任例会、班主任工作专题会，使其在制度化、规范化的基础上，不断提升会议水平，使每一次会议都成为一次体验性的培训机会。

3. 反思式

反思式就是将具体实践与理性思考结合起来，通过"知行结合，以研促训，以训带研"的方式来实施，侧重于理念的内化和经验的升华这一层面的培训。

（1）课题探究。积极开展课题研究，以课题研究为载体，拉动班主任教育教学能力和科研能力的提高；强化班主任的反思意识，以日常班级工作为载体，拉动班主任教育教学能力和管理能力的提高。

（2）研讨交流。学校或德育处定期组织班主任经验交流会，交流学习心得，取长补短，共同提高。特别要重视年轻班主任在班级管理及班级建设方面的点滴经验。

（3）教师论坛。以校报和校园网为主阵地设立班主任论坛，探讨教育教学规律，分析教育教学现象，发表教育心得，激发创新思维，提高科研水平。

（4）案例反思。通过各种媒体，精选班级管理方面或班主任成长方面的典型案例，供大家共同学习、探究，特别要重视发生在本校各班级和教师身上的典型案例的收集、整理与研究，促进全体教师的反思与探究，形成学习型、反思型班主任团队。

四、培训效果——延时性

所谓培训效果的延时性原则也有两个方面的意义。

1. 教育是个长效工程，班主任校本培训亦然

班主任校本培训，我们不能期望立竿见影的效果，但是我们可以坚信：今天的培训必定为明天的成长播下希望的种子——这一点已经有无数的事实得以佐证。

2. 社会是个进步的社会，班主任培训工作也应该做到与时俱进

要将班主任培训的目标与学校的可持续发展相结合，要将培训的意义与创建学习型校园和培养终身学习的学习者目标相结合。

经过几年的摸索与实践，我校班主任培训已经形成了基本体系，培训内容和形式日臻完善，培训效果也日渐凸显，一支乐于奉献、善于工作、特别能战斗的班主任队伍在不断壮大中逐渐成熟，为学校各方面工作的推进起到了积极的保障作用和坚强的主力军作用。

而蓬勃兴起的新高中课程改革，又对班主任校本培训提出了新的挑战：如何在校本培训中融入新的有机元素，使班主任真正成为符合新课改理念要求的学生精神的关怀者，成为学生心理的疏导者、学生情感的激励者、学生个性的张扬者、学生人格的守护者，从而让每一个班主任都真正成为课程改革的推进者、育人环境的营造者？

对此，我们在认真思考，积极探索，相信我们会在"四项基本原则"的框架下再有新突破！

综上所述，我认为，班主任培训意义重大，校本培训任务艰巨而迫切。只有不等、不靠，积极探索，勇于创新才能圆满地完成这一任务。

也只有如此，才能有可能实现《计划》提出的如下目标任务：

（1）建立中小学班主任岗位培训制度。今后凡担任中小学班主任的教师，在上岗前或上岗后半年时间内均需接受不少于30学时的专题培训。

（2）之前已担任班主任工作，但未参加过班主任专题培训的教师，需在近年内采取多种方式进行补修。

所以，不揣陋见，提出班主任校本培训的"四项基本原则"，以抛砖引玉。

参考文献

［1］中华人民共和国教育部.全国中小学班主任培训计划［S］.北京：教育部办公厅文件，2006.

驿路梅香

——一位西部中学教育工作者的 践思行

［2］陈亚莉.运用问题学习促进校本培训［J］.中小学管理，2003（10）.

［3］王慧君.参与·体验·反思——班主任校本培训新模式［J］.班主任之友（中学版），2006（3）.

放手情感　收获美好

—— 青春期男女生交往而引起的焦虑心理的辅导个案

一、一般资料

小婷（化名），女，17岁，独生女，父母是个体户。

她是主动来求助的，已到我的办公室找了我几次，因我上课没有见面，后来办公室小王帮我预约了时间。

小婷说她和本班一个男生从上学期开始接触，彼此对对方都有好感，班里很多同学也都知道这个秘密。一个学期过后，小婷发现两个人在感情的旋涡里已经陷得很深，每次下课，男生就会主动坐到她身边的空位上找她说话。最近一段时间，小婷父母不在家，男生每天晚上都会打电话，一聊就是一个小时左右，小婷认为这样很浪费时间，更耽误学习。上周的月考小婷说自己考得很不理想，而男生学习成绩更是明显退步，于是小婷在电话里告诉男生，要少接触，没事不要打电话了，可男生不同意，认为小婷不喜欢他了，又喜欢上了别人，不论小婷怎么解释，男生固执地不同意。小婷说最近男生情绪低落，听课状态很差，她很担心这样下去男生学习会受到更大影响。小婷为此很烦恼，无心学习，心情烦躁，不知该怎么办，于是想请老师帮助。

二、咨询老师的观察

第一次见到小婷，同来的还有一个女生，我有些纳闷地问小婷，同学需要回避吗（按照常例，求助者都不愿意咨询时有除本人和咨询老师外的第三人在场）？小婷说她不太会说话，所以带了同学一起来，她的事同学都知道，让她帮着说。我这才恍然大悟：这一定是一个难于启齿的话题。

小婷衣着干净、整洁，文文静静，说话害羞，不敢抬头看老师，主要是同学在说，我问到她时，她也回答，只是神情有些紧张，但表述还是清晰的。从走进心语室到离开，一直低头，比较拘谨。反复强调一点：怕男生不能接受她少来往的提议，怕伤害了男生，影响了男生的学习成绩，自己为此很担心，干什么都不能专心，心情也很焦躁。

三、问题分析

小婷一开始与男生接触完全是处于青春期男女生普遍的心理特征——对异性的一种好奇，是一种朦胧的情感萌动。随着时间的推进，两个人的接触成了一对一的固定交往关系，情感也随之超出了一般意义上的同学友谊。频繁的接触会占用很多学习、休息的时间，对双方学习有不同程度的影响，这时烦恼也就随之产生了。

小婷是一个有上进心的女孩，知道高中是学习的关键时期，天天打电话会影响学习；小婷又是一个善良的女孩，看着男生的成绩下降，情绪低落，很不安。于是想劝男生好好学习，不要再频繁交往，可是男生不能接受。小婷实在不知该怎么办了，心中焦躁、烦闷。

四、咨询过程

我采用认知疗法和合理情绪疗法帮助求助者进一步认识"青春期情感"问题的弊端，肯定她的想法、做法的正确性，并在交往技巧上给予指导，缓解她的焦虑情绪。

在第一次咨询中，我首先感谢她对老师的信任，能对我敞开心扉；接着告诉她，她所遇到的问题是处于青春期的孩子遇到的很正常的问题，不必多虑；又肯定她是一个明辨事理，懂得事情轻重缓急的好学生，同时还认可她心地善良，能处处为男孩着想。

我这样一说，小婷的情绪平稳了许多，对我更添了几分信任感，说话偶尔也能抬起头看看我了，我心中暗喜：我已经赢得了小婷的信任了。

我说："你们俩彼此之间有好感那是你们彼此之间有吸引对方的优点，你们俩在班里都是好学生，成绩优异，这大概是引起对方注意的基础。从这个角度看你是一个很优秀的女孩，应该对自己有自信，不必烦恼，相信在老师的帮助下一定能处理好这件事。"

于是我给她提了几条建议：①减少打电话次数、时间；②告诉他，他很聪明，学习基础也好，通过努力学习成绩会比现在好得多；③如果你把这些道理告诉他，他不能理解你，这样的男孩子不值得你去喜欢。

按照老师说的去做，一周后再联系。

一周后，小婷和她的同学果然如约来到心语室。一进门，从两人脸上我感到事情有了好的发展。这次小婷主动讲话了："从上周咨询完后，当天晚上我就按照老师说的鼓足勇气给他说了，明确告诉他：现在不想频繁接触，这样对谁都不好，肯定会影响学习，目前两个人都应该全身心投入到学习中去，不要想得太多。第二天我就发现他有明显的变化，不再消沉，学习开始努力了，我很高兴，特地来告诉老师，谢谢老师的帮助。"

我正高兴问题解决得顺利，突然小婷问了我一个问题："老师，你会不会看心理疾病？"

我说：怎么了，谁想看？

小婷说：我觉得我有心理疾病，还可能是精神病？

我吃了一惊，怎么会这样想？我说：说说看，有什么表现？

小婷说：我上课听不进去课，学习也不专心，老是想这个问题，不想都不行，我觉得我有精神病了。

听完她的话我笑了：有多长时间了？（这是判定的一个重要标准）

小婷：从上次月考到现在。

我就更放心了：这哪是什么精神病，只是一般的心理问题，每个人在一定阶段都会出现工作效率低，做事没有兴趣，情绪低落等心理反应，这很正常，不必多虑。安心学习吧，相信你自己就能调整过来。

很快期中考试结束了，我看了小婷的成绩主动约她来心语室。一见面我就说：祝贺你，小婷，期中考试班级第一，年级11名。（年级理科重点班相比）

小婷（吃惊的）：老师，你还看我的成绩了？

我说：我应该关注你呀！最近学习状态应该不错吧，从考试成绩看还是很好的。

小婷：前两周不太习惯，现在就好多了，这次他（那个男孩）的理综比我还高呢，他考得也不错。

我笑着说：继续保持现在的状态这仍然很重要，老师相信你一定能行！

在整个咨询过程中我主要运用了认知疗法和合理情绪疗法。认知是指一个人对某一事件的看法和认识，包括对过去事件的评价，对当前事件的解释，以及对未来事件的预期。认知作为理性的心理活动，对人的情绪、情感、动机和行为都有较强的调控作用。所以从理论上讲，如果改善认知因果的结构，调整认知的逻辑，理顺各认知阶段的联系，就有可能矫正心理问题，从而达到心理咨询和矫正的目的。

通过几次心理辅导，小婷改变了过去的认知，对自己面临的青春期情感问题有了新的认识和做法，对自己由此而出现的消极情绪也有了正确认识并能进行情绪调整。现在我感到小婷有了明显的变化，人比以前自信多了，也善谈多了，脸上有了灿烂的笑容。

五、案例后记

（1）咨询中无条件积极关注很重要，这样可以给求助者一种关心，也确保了咨询的有效性。

（2）对于许多涉入青春期情感河流的学生来说，异性之间的交往很单纯，有时就是一种纯粹的精神需要，是纯洁的心灵之恋，而不是真正意义上的恋爱。教师要正确看待，不要一听男女生情感问题就武断为早恋，而联合家长盲目干涉制止。

（3）相信孩子在家长、教师的帮助下完全有能力自己做出取舍，要让他们懂得青春期不是播种爱的季节，而是为爱做准备的阶段，充分尊重孩子，给孩子留下一份值得回味的人生经历和美好回忆。

（4）加强对青春期学生的情感教育，让孩子们明白：今天你放弃了一份不成熟情感，明天你将收获无数美好的回忆。

高考落榜考生的心理问题及其调整

高考是社会、学校、家长和学生永远关注的话题。每年的六月和七月有多少人在关注高考无法统计。每年高考成绩一公布，可谓几家欢乐几家愁。有些人能享受金榜题名的喜悦和鲜花、掌声，而有些人则要遭到名落孙山的打击和来自各方面的种种压力。

改革开放以来，我国高等教育快速发展，高考升学率不断提高。但由于我国人口众多，高等教育的发展现状仍不能满足广大人民群众日益增长的接受高等教育的需求，每年仍有大批高考学生不能升入高校。这是一个非常庞大的群体，这个人群的心理问题如果不能得到较好的调适，有可能产生严重的社会问题。部分考生因压力过大而患有严重的心理疾病，个别落榜考生因此也会出现一些极端行为。

一、高考落榜考生常见的心理问题

1. 自责

这类考生有着强烈的道德感，他们认为高考没有考好的责任都在他们自己。自责的具体表现则是后悔当初没有听老师、父母、亲友的话好好学习，浪费了三年的宝贵时间，以致高考成绩不理想而落榜。他们面对老师疲惫的面容，面对父母忧虑的神色和因为自己读书而经济日趋拮据的家庭，有的考生，特别是身在农村、家庭贫困的考生感到非常内疚，深感对不起父母，并因此而背上沉重的精神枷锁，陷入深深的自责之中、痛苦之中。

2. 焦虑

焦虑情绪在心理、生理、行为上的表现分别是：

心理方面：内心焦急、烦躁、紧张、害怕、惊恐。

生理方面：自主神经系统功能紊乱（如呼吸急促、口干、出汗、苍白、震颤、胸闷、胸痛、心悸、头痛、尿频、尿急等）及食欲下降、体重减轻、入睡困难、噩梦等症状。

行为方面：有焦虑的运动表现，如抓耳挠腮、搓手顿足、翻弄衣物、坐立不安、不停走动。当落榜考生出现以上现象则是焦虑症的典型表现。

在目前的社会环境下，高考的成败几乎决定着一个学生今后的人生走向。学生从小接受的教育使他们形成一种错误的观念，认为考上大学就是成功者，反之就是失败者。每一个参加高考的学生十几年如一日，早起晚睡，争分夺秒，勤学苦练，希望迈进理想的大学。当高考分数达不到录取线时，上大学的梦想化为泡影，他们第一次品尝失败的痛苦和精神的煎熬，表现为坐卧不安、心烦意乱、头疼失眠、食欲下降、情绪不振、忧心忡忡，长期处于泛性焦虑状态而不能排解。

3. 空虚

受中国传统观念的影响，许多学生都把考上大学作为自己追求的唯一目标，认为考上大学前途无量，考不上大学则没有好出路。于是，他们聚精会神抓学习，一心一意想升学，当得知自己落榜时，深感十年寒窗付之东流，希望破灭，前途渺茫，个别意志脆弱者甚至产生悲观厌世的念头，从内心深处发出"路在何方"的呐喊，甚至认为自己彻底完了，整天无所事事，虚度光阴，这些落榜考生内心空虚，无所寄托。

4. 自闭

一旦落榜，随之而来的是要面对除了家长、老师之外的许多人和事，特别是高考分数线刚公布的这段时间，落榜考生最害怕别人问"考了多少分？""考上了吗？"不愿意见人，把自己封闭在狭小的空间内，因落榜而伤心痛苦。有的落榜考生甚至不接任何人的电话，不见昔日的老师、同学，完全处于一种自闭状态。

因此，做好高考落榜考生的心理分析和调适，使他们健康成长，使他们内心和谐，家庭和谐，进而实现社会和谐，已成为当务之急。针对高考落榜考生存在的以上心理问题我认为应从以下几方面进行调整。

二、高考落榜考生的心理调整

1. 建立正常的生活秩序

考生寒窗苦读十几年，一旦高考结束似乎人生大事已完，开始了一种与学生时代完全不同的生活，如整日沉迷在网吧，不分白天和晚上，生物钟已完全被打乱，或和同学朋友频繁聚会吃饭，不但花费父母许多钱财，也惹出一些事端，如酒后胡言乱语、打架斗殴等。还有些考生整日待在家里看电视，缺少正常的社会活动。

对于高考落榜考生来说建立正常的生活秩序是十分有必要的，这样他们在正常的社会活动中可以走出自责、自闭的空间，保持正常的心态和良好的生活秩序。

2. 建立良好的社会支持系统

高考落榜考生认为自己落榜是人生一大失败，而挫败感是一种消极的心理现象。这时候，落榜考生需要有良好的社会支持系统帮助他们走出低谷。良好的社会支持系统来自父母的理解、亲友的慰藉、老师的鼓励以及同学的关心。落榜考生要学会建立自己的支持系统，重建自信，找到内在的依靠；通过与父母、朋友的交流，找到外在的依靠。要面对父母、朋友、心理医生把所有苦闷都说出来，用大声倾诉、放声大哭等手段宣泄情绪，恢复心理平衡。因此高考落榜考生应走出家门，多与老师、同学沟通，获得心理支持。

3. 调整认知，积极面对

经历了失败和挫折可以重新认知，重新思考，重新审视自己。首先是接受失败，要接受现实结果，明白现实是无法改变的，只能调整自己。不承认现实，就是不给自己重新开始的机会。其次是合理归因，少找外因，如把落榜和题难、天气不好等联系起来。应该从自身找原因，是自己不努力、方法不对，还是临考心态不好。再次是重新定位，高考是自身素质的全面考评，根据获得的结果应该为自己重新定位，给自己一个更合理的目标期待。最后就是马上行动，要有从零开始、朝下一个目标努力的勇气，其实行动本身就可缓解自己的消极情绪。

4. 正视现实，重新选择

人生的道路很漫长，一次考试不能决定你是成功还是失败，眼光放得长远一些，要有面对挫折的勇气和战胜挫折的信心。高考落榜了还可以有其他选择。如果你感觉自己在学习上有实力，有潜力，可以重新开始——复读；还可以通过自考完成学业，圆大学梦；或者直接就业。总之，要用一种积极的心态去面对落榜，这是最重要的。

考生的考前焦虑往往能引起老师、家长的重视，但在高考后，落榜学生的心理问题常被老师、家长忽视，个别家长甚至是雪上加霜，去指责孩子，这样的行为无疑是十分危险的。专家认为，学生高考后的心理调节，对学生和家长来说一样重要。

高三年级学生的学习特点及班级管理

为了摸索出一套较科学实用的方法，从学生主体地位出发，最大限度地开发学生自身的学习潜力，我们根据高三的教学规律及学习特点，将一年的班主任工作分为三个阶段，即学法指导阶段、层次教学阶段、应考调整阶段，然后根据不同阶段的特点制定相应的工作措施，以便取得良好的效果。

一、学法指导阶段的高三班级管理

高二学生升入高三的初期，由于教学内容从课文的知识传授转向知识网络的归纳和专项复习，对综合能力要求增强，讲授节奏加快，部分学生固有的思维形式、学习习惯一时无法改变，从而被动地中止了对新授知识的吸收，这就容易出现学习成绩停滞不前甚至倒退的第一次"学习高原现象"。因此，这段时间班主任应有针对性地加强学法指导，提出具体的学习要求、侧重点及学习方法，帮助学生在较短的时间内消除"高原现象"，顺利地度过这个学习转型期。我们采取的措施如下。

1. 抓好两个第一

我们利用开学后的第一个班会，预先分析"学习高原现象"产生的原因、特征、危害及采取的应对措施，让学生做到心中有数有对策，以避免畏惧茫然的心理。利用开学的第一堂课，把高中试卷的大体结构，每道大题含几道小题，每个小题的考点内容是什么，分值是多少告诉学生，让学生大体有个了解。这样以后上课时，学生就会围绕这些知识点进行复习，而不是无的放矢，胡抓一通。

2. 对不同学生提出不同层次的学习要求

对应届生、复读生，成绩好的学生和成绩差的学生提出不同的学习要求。

3. 制定自测成绩评估表

我们指导每位学生自制了一份自测评估表，即将每次测试中出现的所有问题反映到表上。从心理素质、学习周期、测试能力、时间分配等方面，对自己做出实事求是的评价，并针对考试中出现的问题进行合理的调整解决，以便学习成绩稳步上升。

二、层次教学阶段的高三班级管理

层次教学贯穿于整个学年中，但主要集中在一、二轮复习期间，班主任应认真对每个层次的学生的思想状况的特点及变化进行深入的研究了解，采取相应的措施，同时将情况及时反馈给各科任课教师。

在第一轮复习期，无论是成绩好的学生还是成绩差的学生，对补空缺知识点都是信心足、热情高，都希望自己能在这段时间把不懂的知识全部补上去。

在第二轮复习期，通过一段时间补缺，部分学生成绩上升，信心增强；部分学生成绩较以前无上升甚至下降，信心动摇。对前一类学生，肯定成绩，指出不足，争取再上一个层次；对后一类学生，主要是帮助分析其失败的原因，重新调整补缺计划。

三、应考调整阶级的高三班级管理

确定调整阶段的依据是，第二次"学习高原现象"出现在二轮复习至三轮综合测试的过渡期。此时正是4月底5月初。学生经过漫长的一、二轮复习后，学习负荷达到极限，加之春季嗜睡，身体疲劳等现象的出现，从而产生厌学、惧学的心理状态。部分经验不足的教师求胜心切，不切实地加大考试的密度和难度，从而使部分学生产生考试焦虑的心理。那么，如何做好高考前的学习、心理、身体等方面的调整，帮助学生顺利度过"第二次高原期"呢？我们除了在班级创造一个轻松安静的环境氛围和加强文体活动外，还要从以下几个方面入手。

1. 对自测成绩评估表进行分析、评价，做到心中有数

成绩曲线分布因人而异。有的学生一直保持高分，他调整的重点是稳定中有所突破和提高，解决的方法是选项突破；有的学生基础很好，成绩却一

直在低谷徘徊，调整的重点是将知识水平转化成应用能力并反映到试卷中去，其方法是注意规范和解题技巧；有的学生成绩忽高忽低，呈小间断分布，调整的重点是保持稳定状态，其方法是加强专项复习和总结失误教训。

2. 赠给每位学生一句鼓励性的话语并提出一个应注意的问题

临考前的一个月，每一位学生我们都一一找来谈话，送给他一句鼓励性的话语并同时指出其考试时应注意的问题。

3. 把兴奋点的调整一直延续到考前5分钟

针对高考进场前的30分钟、入场后15分钟和发卷后5分钟，我们认真细致地采取了激发考生思维兴奋点的心态调整措施。很多考生心理状态不稳定，压力较大，在考场上容易出现思维呆滞、焦虑、惧考、茫然、错答漏答和木然答题等现象。其调整的方法就是寻找触动兴奋点的契机，进行考前思维预热，激活思维活动，以消除答卷时紧张和不知所措的心态，迅速进入考试最佳状态。

高一年级学科教学中思政
教育开展状况的调研报告

一、思政课程和课程思政提出的背景

教育是国之大计、党之大计，承担着立德树人的根本任务。思政课是落实立德树人根本任务的关键课程，发挥着不可替代的作用。党的十八大以来，以习近平同志为核心的党中央高度重视思政课建设，做出了一系列重大决策部署。

1. 源起

2016年12月，在全国高校思想政治工作会议上习近平总书记强调："高校思想政治工作关系高校培养什么样的人、如何培养人以及为谁培养人这个根本问题。要坚持把立德树人作为中心环节，把思想政治工作贯穿教育教学全过程，实现全程育人、全方位育人，努力开创我国高等教育事业发展新局面。"

习近平总书记强调："要用好课堂教学这个主渠道，思想政治理论课要坚持在改进中加强，提升思想政治教育亲和力和针对性，满足学生成长发展需求和期待，其他各门课都要守好一段渠、种好责任田，使各类课程与思想政治理论课同向同行，形成协同效应。"

2. 聚焦与深化

2018年5月2日，习近平总书记在北京大学师生座谈会上指出："要抓好马克思主义理论教育，深化学生对马克思主义历史必然性和科学真理性、理论意义和现实意义的认识，教育他们学会运用马克思主义立场观点方法观察世界、分析世界。"

"人才培养体系涉及学科体系、教学体系、教材体系、管理体系等，而贯通其中的是思想政治工作体系。"

3. 学校各项工作生命线和关键课程

2018年9月10日，在全国教育大会上习近平总书记强调："思想政治工作是学校各项工作的生命线，各级党委、各级教育主管部门、学校党组织都必须紧紧抓在手上。要给孩子讲好'人生第一课'，帮助扣好人生第一粒扣子。"

2019年3月18日，在学校思想政治理论课教师座谈会上，习近平总书记强调："思想政治理论课是落实立德树人根本任务的关键课程。青少年阶段是人生的'拔节孕穗期'，最需要精心引导和栽培。办好思想政治理论课关键在教师，关键在发挥教师的积极性、主动性、创造性。办好思政课，关键在加强党对思政理论课建设的领导。"

二、国内中小学开展思政课程和课程思政存在的问题

《关于深化新时代学校思想政治理论课改革创新的若干意见》中指出，高中阶段重在提升政治素养，引导学生衷心拥护党的领导和我国社会主义制度，形成做社会主义建设者和接班人的政治认同。高中阶段开设思想政治必修课程，围绕学习习近平总书记最新重要讲话精神开设思想政治选择性必修课程。

面对新形势、新任务、新挑战，目前国内中小学开展思政课程和课程思政还存在以下问题：

（1）一些地方和学校党组织对思政课的重要性认识还不够到位。

（2）思政课课堂教学效果还需提升，教材内容不够鲜活，与新时代要求有差距。

（3）思政教师选配和培养工作存在短板，体制机制有待完善，评价和支持体系有待健全。

（4）大中小学思政课一体化建设需要深化，各类课程同思政课建设的协同效应有待增强。

（5）学校、家庭、社会协同推动思政课建设的合力没有完全形成，全党全社会关心支持思政课建设的氛围不够浓厚。

这些问题使我们进一步认识到思政课建设只能加强，不能削弱，必须切实增强办好思政课的信心，全面提高思政课质量和水平。

三、哈密二中目前在高一年级学科教学中开展思政教育的情况调查及发现

为了更加客观真实地了解目前我校在课程思政方面的实施情况，我们选取高一年级进行了一系列调查，并对调查统计结果进行了归纳对比分析，得出了许多和我们过去认知相同的观点，也发现了许多出乎我们意料的问题。

（一）问卷调查对象、方式及内容

问卷调查对象：高一年级各学科教师84人，高一年级学生432人。

问卷调查方式：问卷调查APP小程序可以很好地体现个别性，操作便捷，统计方便。

问卷调查内容：这一部分分为两组，其中第一组设置问题7个，师生问题相同；第二组设置问题2个，为教师单独问卷。考虑到问题的多重性，我们选择了多项选择和单项选择两种形式。

1. 第一组问题

（1）教师在班级上课时进行思想政治教育的频率。

（2）除了思政课外，哪个学科适合进行思想政治教育。

（3）教师对学生进行思想政治教育的方式。

（4）师生对"课前三分钟"思政教育的评价。

（5）对学生思想政治教育影响最大的教育形式。

（6）思想政治教育方面对学生影响最大的人。

（7）学生对哪类思政课内容感兴趣。

2. 第二组问题

（1）教师对教材中思想政治教育相关内容的处理方式。

（2）教师所教授学科中思想政治教育内容的多少。

（二）问卷调查结果统计、对比及分析

1. 班级上课时进行思想政治教育的频率

课堂思政教育频率统计表

内容	选项	教师（比率）	学生（比率）
班级上课时进行思想政治教育的频率	经常	90.95	75.69
	偶尔	6.67	16.44
	从不	1.19	0.93
	看心情	1.19	6.94

分析：这是一个单选题。教师和学生的感知大体趋同，但是从前两项指标可以明显地看到教师自认为是思政教育的体现形式有时候并没有得到学生的完全认同。

思考：我们的渗透方式是否有不足，或者是不恰当？

2. 除思政课外，哪个学科适合进行思想政治教育

最适合思政教育的学科统计表

内容	选项	教师（比率）	学生（比率）
除思政课外，哪个学科适合进行思想政治教育	语文	88.1	77.31
	数学	35.71	64.35
	英语	41.67	63.89
	物理	30.95	60.42
	化学	28.57	59.95
	生物	30.95	56.48
	地理	51.19	54.63
	历史	88.1	70.6
	体育、音乐、美术	50	45.37

分析：这是一个多选题。反映出了两个问题：一方面，师生双方对语文和历史两个学科在发挥思政教育功能方面都表现出了高度的认同；另一方面，对于教师认为难以进行思政教育的传统的理科课程：数学、物理、化学、生物，学生却给出了很高的期望。

思考：在新时代新形势下，传统理科课程不适合进行思政教育的理念是否落伍了？我们的突破点在哪里？

3. 教师对学生进行思想政治教育的方式

思政教育的方式统计表

内容	选项	教师（比率）	学生（比率）
对学生进行思想政治教育的方式	学生讨论	60.71	57.18
	教师讲授	65.48	72.22
	学生自学研究	27.38	30.32
	各种活动	71.43	61.57

分析：这是一个多选题。教师和学生的选择有所不同。教师认为最适合进行思想教育的方式是"各种活动"，学生虽然也对此认同程度较高，但是

学生最认可的方式却是"教师讲授";对于"学生讨论"两方的认可程度都远高于"学生自主研究"。

思考：①在学生心中，教师的讲授仍然是很受学生欢迎的。那么，我们精心设计的各种活动为什么没有如我们所愿完美地体现出思政教育的效果？②"学生讨论"这种合作学习方式在思政教育中还有哪些潜力可以开发呢？

4. 师生对"课前三分钟"思政教育的评价

对"课前三分钟"的评价统计表

内容	选项	教师（比率）	学生（比率）
对"课前三分钟"思政教育的评价	有意义	51.19	72.45
	有必要	25	14.58
	需改进	15.48	9.72
	应该自己选	8.33	3.24

分析：这是一个单选题。教师和学生的感知大体趋同，对于"课前三分钟"这种思政教育形式予以了高度认可。但是学生对于此项的认同程度远远高于教师的选择。

思考：承担此项任务的教师在感到欣慰的同时，是不是还有更多的潜能可以释放呢？

5. 哪种教育形式对学生思想政治教育影响最大

影响最大的思政教育方式统计表

内容	选项	教师（比率）	学生（比率）
哪种形式对学生思想政治教育影响最大	升旗仪式	60.71	57.18
	入学教育	50	56.94
	主题班团会	75	60.19
	社会实践	77.38	70.37

分析：这是一个多选题。从四个选项的排序（社会实践、主题班团会、升旗仪式、入学教育）上来看，教师和学生的感知高度趋同，但是对于"主题班团会"方面，学生的认同程度远低于教师。

思考：作为每周一次的班团会在发挥育人功能上还需要怎样改进呢？

6. 在思想政治教育方面对学生影响最大的人

对学生影响最大的人统计表

内容	选项	教师（比率）	学生（比率）
在思想政治教育方面对学生影响最大的人	家长	33.33	14.35
	班主任	14.29	34.95
	思政课老师	15.48	13.66
	其他科任老师	36.9	37.04

分析：这是一个单选题。教师和学生的选择发生了巨大的差异：相同的是师生双方都对各科任教师在发挥思政教育作用方面的影响作为首选，不同的是教师认为应该发挥非常重要作用的家长，在学生这里却得分较低；学生更多的是将自己的选择投向了班主任，再一次与教师的选择大相径庭。在这个问题中，师生双方对于思政课教师的认同程度都很低。

思考：①家长在孩子的思政教育方面的作用是否缺失？原因是什么？②科任教师、班主任的主力军作用依然需要更好地发挥？③思政课是落实立德树人根本任务的关键课程，为何师生的认可度不高，我们的思政课教学是否没有真正发挥关键课程的作用？

7. 学生对哪类思政课内容感兴趣

学习最感兴趣的思政课内容统计表

内容	选项	教师（比率）	学生（比率）
学生对哪类思政课内容感兴趣	理论学习	34.52	51.62
	先进事迹	80.95	75.93
	警示教育	69.05	55.32
	实地参观	84.52	70.83

分析：这是一个多选题。教师和学生在实地参观、先进事迹方面大体趋同，但是在理论学习方面学生的选择远高于教师的选择。

思考：是教师对于理论学习缺乏信心，还是哈密二中（受测学校）的学生更偏向于理论知识的探究？

8. 教师对教材中思想政治教育相关内容的处理方式

教师对教材相关内容的处理方式统计表

内容	选项	教师（比率）
教师对教材中思想政治教育相关内容的处理方式	忽略	2.38
	教学渗透	86.9
	单独出来	7.14
	一笔带过	3.57

分析：这是一个只针对教师的单选题。可以看到各科教师在教学中还是对思政教育内容予以了关注和重视，并尝试采用适当的方法进行处理。

思考：教学渗透应该是我们研究的一个重要方面，那么，渗透哪些内容，选择什么样的时机，如何渗透，还需要我们认真思考。

9. 教师所教授学科中思想政治教育内容的多少

学科教材中思政内容比重统计表

内容	选项	教师（比率）
讲授学科中思想政治教育内容的多少	很多	19.05
	较多	40.48
	有，但不多	39.29
	没有	1.19

分析：这是一个只针对教师的单选题。教师的选择应该是基本上反映了目前学科教师对于这个问题的认识。

思考：各学科对思政教育内容挖掘的方法是否得当，我们是否可以利用同头教研等形式来进行研究呢？

四、针对现阶段状况，对于哈密二中深化思政教育的思考和对策

1. 加强学校党委对思政工作的领导

学校党委要把思想政治工作摆在重要位置，加强领导和指导，形成党委统一领导、各部门齐抓共管的工作格局。学校党委要保证学校正确办学方向，掌握学校思想政治工作主导权，保证学校始终成为培养社会主义事业建设者和接班人的坚强阵地。把培养什么人、怎样培养人、为谁培养人作为学校党委和全体教职工深入思考的时代课题，把立德树人作为根本任务。

2. 整体推进二中高中课程思政体系建设

学校教研室要深度挖掘高中各年级各学科课程中蕴含的思想政治教育资源，解决好各门课程与思政课相互配合的问题，发挥所有课程育人功能，构建全学科覆盖、类型丰富、层次递进、相互支撑的课程体系。

3. 统筹推进二中高中课程思政内容建设

坚持用习近平新时代中国特色社会主义思想铸魂育人，以政治认同、家国情怀、道德修养、法治意识、文化素养为重点，以爱党、爱国、爱社会主义、爱人民、爱集体为主线，系统开展马克思主义理论教育，系统进行中国特色社会主义和中国梦教育、社会主义核心价值观教育、法治教育、民族团结教育、劳动教育、心理健康教育、中华优秀传统文化教育。积极组织各学科教师以教研活动、立项课题或其他形式挖掘学科教材中的思政内容和切入方式。在我们目前已经进行研究的基础上进一步深化、细化课程思政内容，评选出一批课程思政示范课、优秀教案，选树一批课程思政教学名师和教研组，建设学校高中课程思政教学教研组。

4. 强化推进高中思政教师队伍建设

建设政治素质过硬、业务能力精湛、育人水平高超的高素质教师队伍是学校建设的基础性工作。按照政治强、思维新、情怀深、视野广、自律严、人格正的要求严把思政教师政治关、师德关、业务关，配齐配强学校思政课教师。让思政课教师成为先进思想文化的传播者、党执政的坚定支持者，更好地担负起学生健康成长的指导者和引路人的责任。加强师德师风建设，坚持教书和育人相统一，坚持言传和身教相统一，坚持潜心问道和关注社会相统一，引导广大教师以德立身、以德立学、以德施教。改革思政课教师考核评价机制，让思政课教师不仅做好本学科思政内容的传授，而且要做好其他各学科思政内容挖掘的指导和把关工作。

5. 积极推进学校、家庭、社会协同，推动思政课建设的合力建设

家庭是孩子成长的第一课堂，家长是孩子习惯养成、品德培养的第一责任人，因此家长在对孩子进行思想政治教育中发挥着不可替代的作用。学校要坚持开门办思政课，推动思政课实践教学与学生社会实践活动、志愿服务活动结合，思政小课堂和社会大课堂结合，学校要主动和机关、企事业单位对接，挂牌建立思政课实践教学基地，完善思政课实践教学机制。汇聚学校、家庭、社

会的力量办好思政课。加大正面宣传和舆论引导力度，推动形成全社会努力办好思政课、教师认真讲好思政课、学生积极学好思政课的良好氛围。

附：

目前思想政治教育内容在各学科教学渗透中已经获得的初步成果。

思想政治教育内容在各学科教学中的体现及教育方法（调研稿）

学科	学科所包含的思想政治教育内容	对学生渗透思想政治教育的方法
语文	1. 爱国主义精神，集体主义精神，积极乐观的人生态度，伟大坚强、不屈不挠的民族精神。 2. 保家卫国、建功立业的壮志。 3. 对伟大祖国大好河山的热爱	1. 深入挖掘教材中所引用的文章，对学生进行思政教育。 2. 积极利用课外阅读。 3. 发掘文章背景、作者生平
数学	1. 爱国主义教育，如中国古代在算学上取得的伟大成就。 2. 对传统文化的热爱	1. 利用教材中的课后阅读部分拓宽学生视野。 2. 教育学生学好数学，建设伟大祖国
英语	1. 在英语阅读中了解中国文化。 2. 了解中西方差异，增强爱国主义精神	1. 通过介绍中国的传统文化、传统节日，增强民族自豪感。 2. 通过阅读课文了解世界，增强爱国主义情感
物理	1. 中国航空航天事业所取得的伟大成就。 2. 中国物理学所取得的成就。 3. 增强爱国情怀，增强学生热爱科学的兴趣，动手实验的能力和探究精神	1. 介绍祖国物理学等各方面取得的伟大成就。 2. 介绍历代物理学家的研究成果。 3. 介绍中外物理学家的科研精神
化学	1. 中国化学家在研究中取得的成就，增强民族自豪感。 2. 化学家造福人类，为科技发展做出的贡献，增强科学探究精神。 3. 用所学化学知识报效祖国，增强爱国情感	1. 介绍世界前沿化学科学成就。 2. 介绍化学家取得的成就和为人类做出的贡献
生物	1. 生态文明建设、可持续发展。 2. 我国在生物科学上的成就，增强民族自豪感	1. 在教学中让学生意识到生命的可贵。 2. 介绍祖国的发展与强大
政治	1. 科学发展观、习近平新时代中国特色社会主义思想、社会主义核心价值观、中国文化。 2. 马克思主义哲学基本原理	1. 理论联系实际。 2. 分析时政热点

学科	学科所包含的思想政治教育内容	对学生渗透思想政治教育的方法
地理	1. 环境保护意识。 2. 中国的版图意识。 3. 热爱祖国大好河山的意识	1. 自然地理讲解。 2. 学习祖国的版图范围。 3. 讲解自然生态系统
历史	1. 必修模块中悠久的历史文化。 2. 必修模块中民族英雄的爱国思想和反抗外来侵略的斗争	1. 综合中国光辉灿烂的文明，增强学生的民族自豪感。 2. 重大节日、重大事件渗透
音乐	1. 中外音乐家的爱国情怀、坚强毅力。 2. 热爱中华传统音乐文化。 3. 热爱祖国，讴歌新时代的情怀	1. 欣赏中外名曲。 2. 学习中国传统音乐作品。 3. 教唱主旋律歌曲
体育	1. 更快、更高、更强的奥林匹克精神。 2. 坚韧毅力、顽强拼搏、团结合作的精神。 3. 强身健体的意识。 4. 为祖国争光的精神	1. 观看体育比赛。 2. 进行体育课训练。 3. 介绍体育健儿的感人故事
美术	1. 美学教育。 2. 中国优秀传统文化	1. 欣赏古今中外画作。 2. 讲解中外画家的故事

让少年的你不再承受校园欺凌之痛

走出影院，《少年的你》中一幕幕镜头挥之不去，被孤立、被传话、被踢倒在地、被拍裸照、被逼下跪，真实得让人战栗，又如鲠在喉……

校园欺凌已经成为一种普遍性的社会问题，并且是在校园中严重危害学生身心健康的常见问题之一。作为教师我们有责任也有必要在平常的教学中对学生开展防欺凌教育，通过各种途径让学生了解什么是校园欺凌、为何会产生校园欺凌、如何预防校园欺凌。

一、什么是校园欺凌

1. 校园欺凌的含义

2017年12月，教育部、中央综治办、最高人民法院、最高人民检察院、公安部等十一个部门联合印发《加强中小学生欺凌综合治理方案》，将校园欺凌行为定义为：发生在校园内外、学生之间，一方（个体或群体）单次或多次蓄意或恶意通过肢体、语言及网络等手段实施欺负、侮辱，造成另一方（个体或群体）身体伤害、财产损失或精神损害等的事件。

2. 校园欺凌的类型及表现

校园欺凌的类型主要有身体欺凌、言语欺凌、社交欺凌、性欺凌、网络欺凌等。

身体欺凌表现为被同学推搡、殴打、抢东西、敲诈勒索等；言语欺凌表现为被同学威胁、恐吓、起外号、辱骂、嘲笑、揭短等；社交欺凌表现为被同学传播关于自己的八卦、小道消息，以及被同学排斥、孤立等；性欺凌表现为性语言、性玩笑、性手势、触摸身体、搂抱等；网络欺凌是一种新型欺凌形式，其隐匿性较强，表现为收到电子信息形式的威胁、恐吓、谣言、羞辱及被盗取隐私和个人信息等。

3. 校园欺凌的危害

校园欺凌不仅伤害了被欺凌学生的身体，也对受害学生的心理产生极大的伤害，导致受害学生害怕、恐惧、抑郁、焦虑、自卑，甚至产生自杀意念。校园欺凌不仅对被欺凌者造成身心伤害，同时对欺凌者和旁观者也会产生不同程度的影响。

二、为什么会产生校园欺凌

产生校园欺凌的原因是多方面的，但主要是受个人、学校、家庭、社会等因素的影响。

1. 个人方面

青少年正处于青春期，他们的生理发育已逐渐达到成人水平，但心理还很不成熟，对许多事情还没有形成正确的价值观和独立的判断能力，自我认识和社会角色相矛盾；人际交往中不能正确判断朋友的品德和素质；法律意识淡薄，不知道伤害他人后果的严重性。

2. 学校方面

学校的学习压力过大，老师、同学更多以成绩优劣评判学生好坏，成绩差的学生被认可度低，造成这些学生自尊心受到伤害；成绩好的学生骄傲自负，在言谈举止中表现明显。这些负面情绪最终会发展为校园欺凌。

学校对预防校园欺凌的教育不到位，对有校园暴力倾向的学生没有做到及时排查，更没有开展相应的心理疏导。

3. 家庭方面

原生家庭对孩子成长的影响很大，父母的文化程度、夫妻关系、家庭氛围、教育方式都会直接影响孩子的身心健康发展。在一个专制、冷漠的家庭中长大的孩子，很容易形成暴力型人格，从而增加攻击他人的风险。相反，在一个民主、温馨的家庭中成长的孩子，也会给予他人更多的关爱。

4. 社会方面

网络信息化的时代，手机、电脑已成为青少年的必备物品，网络游戏中的暴力恐怖行为成为青少年模仿的素材，甚至有些学生沉迷于虚拟的网络之中，丧失了价值判断和道德伦理。

学校周边环境治理不到位，许多学生在遭受暴力欺凌时无法求助，更不要说得到保护了。

三、如何预防校园欺凌

1. 加强个人修养，培养良好兴趣爱好

作为中学生，要培养自己高尚的道德情操，主动接受正面教育，远离负面能量，以身边优秀的老师和同学为榜样，见贤思齐。要培养良好的兴趣爱好，不沉溺于网络游戏，多开展有益于身心的文体活动。

2. 学校定期开展预防校园欺凌的教育，营造良好的校园环境和学习氛围

学校要开设心理健康课程，让每一个学生能正确认识自己，从而形成良好的人际交往能力和正确的价值判断能力。对有心理问题和暴力倾向的学生要及时进行心理疏导并和家长取得沟通。

加强对学生自律、自控能力的教育，做到遵法、知法、守法、用法，学会用法律保护自己也保护他人。教会学生遇到矛盾纠纷时一定要冷静，冲动是魔鬼，可以求助老师和家长帮忙。在校园楼道、宣传栏等显著位置张贴校园欺凌报警和求助电话，增加校园及周边巡逻力量。

加强家校联系，了解学生家庭情况，关注学生情绪和人际交往情况，以便及时发现问题，找到原因、积极干预、有效解决。

3. 家长要给孩子一个安全、温暖、有爱的家庭

父母的教育方式直接影响孩子的性格养成和习惯形成，在充满爱和陪伴的家庭中长大的孩子更能感受到家庭带给自己的安全和温馨，更少暴力言行。

民主平等的亲情关系让孩子更多感受到的是自尊和自信，当遇到困难时，会选择自己努力做好或求助家长帮助，而不至于采取极端手段，伤害他人。

4. 全社会共同关注未成年人健康成长

公安机关、社区要净化校园周边环境，加大学生上下学时间段的巡逻检查力度，不给校外欺凌现象发生的机会，确保学生人身安全。

加强网络管理力度，不在网上传播负能量的信息和暴力恐怖游戏，以免未成年人效仿，从而引发暴力欺凌甚至犯罪。

杜绝校园欺凌现象发生，杜绝校园暴力的伤害，让少年的你不再承受校园欺凌之痛，学校、家庭、社会责无旁贷，任重道远。

远离毒品，珍惜生命

老师们，同学们，早上好。

每年的6月26日是"国际禁毒日"。今天是第二十九个"国际禁毒日"，今年国际禁毒日的主题是"远离毒品，珍惜生命"。

远离毒品，珍惜生命，这是一个沉重、严肃的话题，希望这个话题能够引起大家的思考。

每一个正常的人，必须清醒地认识到毒品的危害。"毁灭自己、祸及家庭、危害社会"是毒品危害最直接的体现。表现在：

（1）毁灭自己。毒品进入人体后，除了对身体有损害外，还可导致多种并发症，吸毒过量还会导致死亡，吸毒者会对毒品产生强烈的依赖性，使得吸毒者成为毒品的奴隶，被毒品折磨的人不像人，鬼不像鬼。

（2）祸及家庭。一个人一旦吸毒成瘾，就会人格丧失，道德沦落，为购买毒品耗尽正当收入后，就会变卖家产，四处举债，倾家荡产，六亲不认。

（3）危害社会。吸毒者为了购买毒品，往往置道德、法律于不顾，偷盗抢劫、欺骗敲诈无所不做，严重影响了社会的稳定与发展。

历史上，毒品就曾给中华民族带来过深重的灾难。晚清时期，鸦片大量输入，扰乱了清王朝的国库和货币的流通，使清朝的经济面临崩溃的边缘。更为严重的是鸦片的泛滥极大地摧残了吸食者的身心健康，如任其发展下去，必将使中华民族面临灭亡的危险。林则徐曾经深刻地指出："（鸦片）流毒于天下，则为害甚巨，法当从严。若犹泄泄视之，是使数十年后，中原几无可以御敌之兵，且无可以充饷之银。"经过艰苦卓绝的斗争，1839年6月，虎门销烟，销毁鸦片2 376 254斤，表达了中国人民反抗侵略、禁绝毒品的坚强决心。这次事件也成为世界禁烟运动的一个范例，历史上很多国家、地区结合自身的情况对此予以效仿，抑制毒品泛滥。

今天，毒品泛滥已成为全球性的严重社会问题。国际上，毒品往往是和偷渡走私、恐怖组织、跨国犯罪相互勾结关联的恶性犯罪。我国也面临严峻的毒品形势。据《2014年中国毒品形势报告》显示，我国吸毒人员总量持续增长，实际吸毒人员可能超过1400万人；吸毒群体也由过去的以无业人员、农民、个体经营者、外出务工人员为主逐渐向企事业职工、自由职业者、演艺界人士等人群扩散。相关统计表明，我国目前的吸毒人员中80%左右是青少年，而他们大多又是出于好奇而沾染毒品的。

青少年是受到毒品侵袭的高发人群，绝大多数吸毒者初始的吸毒年龄是20～25岁。究其原因不外乎以下几点：

（1）好奇心驱使及同伴的诱惑。

（2）腐朽的人生观、价值观的影响，认为吸毒是"酷"的表现。

（3）一些毒品贩子暗中以享受为诱饵来迷惑无知的年轻人，使他们纷纷堕入罪恶的深渊。"吸毒一口跌入虎口"。一旦沾上毒品，就意味着一个鲜活生命的陨落，一个幸福家庭的破碎，一个亲情圈子的撕裂。

同学们，让我们珍惜大好年华，时刻保持清醒的头脑，远离毒品，珍惜生命，在阳光下快乐成长，永享健康人生。

谢谢！

把握命运，走向成功

——写给新一届高三学生

同学们：

大家好！

现在，距离高考还有309天。

我想大家都已经知道，今年我校高考取得了新的突破，已经有1000多名学生被全国各高等学府录取，清华大学、北京大学、复旦大学、浙江大学、南京大学等这些大家早已耳熟能详、梦寐以求的全国各知名学府大都有我校的学生跻身其中，特别是考取清华、北大两所名校的人数实现了新的突破。此时此刻，2009届的学哥学姐们有的正在奔向理想学府的路途中，有的已经走进了高等学校的殿堂之门，有的已经漫步在绿荫环绕、环境优美的校园小径上，他们一定志满意得、信心百倍地筹划着怎样继续把握他们的命运之舟，在更宽敞的人生河流里扬帆远航。

谈起他们，我们在座的同学们对明年的高考心里也许充满了各种各样的想法，有的会忐忑不安，不知明年的此时，命运会把自己抛向哪里；有的也许早已充满了信心，踌躇满志地准备驾驭起自己命运的船帆，向着自己多年来心中理想的大学冲刺。

今天在这里我要和同学们说的就是：你的命运就掌握在你的手中，只要你能把握你的命运，你就能走向成功。

把握自己的命运，最有效的公式就是：自信+勤奋+方法。这三点中我认为最重要的就是勤奋。

毛泽东主席曾经说过："自信人生三百年，会当击水三千里。"说的就是要对自己充满信心，坚定不移，百折不挠，为了心中的理想执着地奋斗。

　　为此，我想给同学们提供三则材料：

　　（1）从我们学校的办学来看，勤奋刻苦是我校学生高考获胜的法宝。大家知道，我们是一所地区学校，学校的办学条件在哈密比较好，学生大多是哈密市各初中学校的佼佼者，能进入二中学习，同学们一定非常自豪。但是同学们还应该知道，和其他地市州的高中相比，如石河子一中、华山中学、库车二中、沙湾一中等，那些地方人口多，学校多，生源广，优秀初中生更多，高考优势更大。更不要说乌鲁木齐市了，像乌鲁木齐一中、实验中学、兵团二中，这些学校的学生来自整个乌鲁木齐市，乃至全疆，学生的整体水平都很高。而我们哈密市地方小，生源少，地处东疆，经济也不够发达，办学条件远落后于许多学校，在高考方面不利之处很多。可是为什么这些年来我们二中在高考中却能连连获胜？高考上线率、录取率远远超过其他地市州学校甚至乌鲁木齐市的许多高中，名校录取情况也仅次于乌鲁木齐市一中。这其中的原因之一就是：我们有特别能吃苦的教师和特别勤奋的学生，我们有多年来形成的良性循环的办学氛围。可以说没有刻苦勤奋，就没有我们哈密二中每年近50%的重点上线率和98%的最低上线率。

　　（2）每年考入名校的学生的学习情况。在高考这场人生大竞争中，没有人会轻轻松松、惬意舒服地达到目的，即使是成绩佼佼者，比如考上清华、北大的同学，也无一例外不是苦学出来的。前几届文科状元，像张海燕、孙建云家庭条件都不好，但是他们的刻苦勤奋却超出了一般人，所以他们的回报才能超出常人。

　　今年有一个姓谢的住校生，高二的时候，他还在重点班里，但他没有怨天尤人，没有悲观失望，而是发奋努力，奋起直追；去年的此时他已被调进了实验班，可那时他的名字还被挂在尾巴上，他更加勤奋，更加努力，月考、一模、二模、三模，他的成绩和名次不断提高，今年6月的高考他考出了653分的好成绩，顺利地被北京大学录取。在高三这个人生的关键时期，他把握住了自己的命运，命运从此向他敞开了大门。像这位同学这样的情况，何止一人，可以说，每一个考入理想大学的同学都有同样的经历和感受。

　　记得今年考入北大的文科生邹露潇同学曾说过，她经常是凌晨两三点睡觉。当然我在这里并非是让大家都凌晨两三点睡觉，这要因人而异，但是发扬古人头悬梁、锥刺股，发奋读书的精神是大有必要的。这就意味着，你要牺牲掉看电视、闲聊天、逛大街、走亲戚、玩游戏等活动，要克制自己不去谈恋爱、读小说，以便将对学习的干扰降到最低，要减少休息甚至睡觉的时间，并且要提高各种动作的效率。你做到了吗？你能做到吗？

（3）听听下面的后悔话。常听有学生在高考后自我安慰道："我没有好好学，如果我好好学的话，一定会考好。"还有学生后悔地说："我当时太懒了，我要再多用点功就不至于这样子。""我要再多考十分就好了，志愿就不会被撞掉了。"

这些学生为自己的后悔付出了代价，这个代价就是重读或者改变命运。同学们，对于每个人几十年的人生来说，这个代价未免太昂贵了点。在座的同学们，你们是否明年还想继续吃这剂后悔药呢？

所以，要把握自己的命运，首先要树立信心，并为之勤奋刻苦、执着地奋斗，让自己的命运之舟，驶向理想的彼岸。

最后我还想给同学们讲个故事：

有个刁钻的年轻人，想为难睿智的老酋长，他抓了只小鸟问老酋长："你说这小鸟是生还是死？"年轻人盘算着，如果老酋长说是生，他就暗中加把劲将它捏死；如果说是死，他就松开手放飞它。就在年轻人信心十足地等着时，老酋长慈祥地拍了拍年轻人的肩膀，笑了笑说："生命就在你的手里。"

未来的300个日日夜夜，无论将要遇到多少风雨，无论面对多大的困难，我们都要毫不畏惧，只希望把自己的命运牢牢地掌握在自己的手里。

同学们，为了高考，为了实现美好的理想，我们一定要全力以赴，拼搏奋斗，不达目的誓不罢休！

记住李白的诗句，时刻激励自己："长风破浪会有时，直挂云帆济沧海。"

志存高远，脚踏实地

——2012届学生大会上的讲话

2012届的同学们：下午好！

5位优秀的班主任：你们辛苦了！

年级主任李主任：您辛苦了！

在座的是我们2012届5个实验班300名优秀学子，今天能和这么多我们年级的精英一起交流，心情别有不同。

来二中学习已经一年多了，从初中时理性上对二中的理解到现在感性上的接触，我们对二中的概念已经有了全新的认识。

初中时我们常常以自己的学习成绩作为自信的砝码，到了二中我们常常为学习成绩不尽如人意而困惑、失落甚至于痛苦，对吗，同学们？

李主任给我布置了一个作业：要我来和大家交流一下关于学习方面的问题，我很认真地想应该讲什么。

大家刚刚进行完期中考试，对自己的成绩还满意吗？满意是因为考试结果达到了预想的目标；不满意是因为考试成绩离自己的目标还有差距。是吗？

这个目标也可以说就是我们努力的方向，学习的动力。所以今天我要送给大家的第一句话就是：志存高远！那么有了志向怎样才能达到目标呢？我送给大家的第二句话就是：脚踏实地！

今天我把这八个字送给同学们，也把它作为我今天讲话的主题。

一、树立目标，明确志向

在中华传统美德中，立志是一个重要话题。所谓志就是一个人做事的意向和决心，意向不明确，决心不坚定，或虽有志向和决心而不去努力，那是不能达到目的，成就事业的。所以，成功与否的前提在于是否有志。

古代，没有一个思想家不重视立志的。孔子提出了"志于道，志于仁"的要求；孟子提出"士人以高尚其志"为目标，诸葛亮提出"志在高远"；明代的王阳明提出"志在贤，则贤；志在圣，则圣"的思想。

树立目标很重要，它能决定你一生的命运。

有一年，一群意气风发的天之骄子从美国哈佛大学毕业了，他们即将开始穿越各自的玉米地。他们的智力、学历、环境条件都相差无几。临出校门，哈佛大学对他们进行了关于人生目标的调查。结果是这样的：27%的人没有目标，60%的人目标模糊，10%的人有清晰的但比较短期的目标，3%的人有清晰而长远的目标。

25年后，哈佛大学再次对这群学生进行了跟踪调查，结果是这样的：

3%的人，25年来他们朝着一个方向不懈努力，多是社会各界的成功人士，其中不乏行业领袖、社会精英；

10%的人，他们的短期目标不断实现，成为各个领域中的专业人士，大都生活在社会的中上层；

60%的人，他们安稳地生活与工作，但都没有什么特别的成绩，几乎生活在社会的中下层；

剩下的27%的人，他们的生活没有目标，过得很不如意，并且常常在埋怨他人，抱怨社会，抱怨这个不肯给他机会的世界。

其实，他们之间的差别仅仅在于25年前，他们中的一些人知道为什么要穿越玉米地，而另外一些人则不清楚或不很清楚。

中国最富有的老师俞敏洪是新东方董事局主席和首席执行官，身价数亿。他的父亲靠捡砖头盖院子和猪舍。父亲向俞敏洪阐释了做成一件事的全部奥秘，一块砖没有什么用，一堆砖也没有什么用，如果你心中没有一个造房子的梦想，拥有天下所有的砖头也是一堆废物；但如果只有造房子的梦想，而没有砖头，梦想也没法实现。

此后做事时，俞敏洪一般都会问自己两个问题：一是做这件事的目标是什么，二是需要多少努力才能够把这件事情做好。

俞敏洪说："我生命中的三件事证明了这一思路的好处。第一件事是我的高考，目标明确：我要上大学，上好大学，我考进了北大。第二件事是我背单词，目标明确：成为中国最好的英语词汇老师之一，于是我开始背一个一个的单词，在背过的单词不断遗忘的痛苦中，父亲捡砖头的形象总能浮现在我的眼前，最终我背下了两三万个单词，成了一名不错的词汇老师。第三件事是我做新东方，目标明确：要做成中国最好的英语培训机构之一，然后我就开始给学生上课，平均每天给学生上六到十小时的课，很多老师倒下了或放弃了，我没有放弃，到今天为止我还在努力着，并已经看到了新东方这座房子能够建好的希望。"

我们的目标是什么？

眼前的目标应该是顺利通过12月25日、26日的学业水平考试，7月我们第一次参加了四门学科的学业水平考试，有150位同学取得了四门全A的优异成绩，我向以上同学表示祝贺！但这才是个序曲，我们还有八门科目等待我们去应考，我们的目标是取得十二门全A。11届有39位同学获得了全A，我们期待着12届将有更多的同学得到全A。12月25日、26日的学业水平考试我们考试的科目是语文、数学、英语、生物、地理、民族理论知识，你打算考几个A？你考虑过了吗？

再稍远一点的目标是1月中旬的期末考试，零班的同学、实验班的同学、重点班的同学，应该有不同的努力方向吧？

在二中，我们最终的目标是考上一所理想的大学。对学习成绩年级排名前列的同学应该是考名校。理科年级前500名、文科前200名的要冲刺重点大学，其他同学只要努力也一定能考上本科。现在的名次是个变量，谁最努力谁就可以进步，坚持到最后的就是胜利者。我校年年高考成绩都很辉煌，每年都有优秀学子考取清华、北大、复旦等名校。每年的高考升学率都在攀升。咱们12届的高考要想取得更加辉煌的成绩就要看在座的诸位了。

理科录取分数线在600分以上的学校有清华、北大、复旦、人大、北航、中财、对外经贸、中国政法、南开、哈工大、上交、南大、东南等十几所高校。文科录取分数线在600分以上的学校有清华、北大、复旦、人大、上财、南大等几所高校。

二、脚踏实地，注重方法

学习是靠勤奋的，但为何有些人拼命埋头苦学仍然效果不理想，而有些同学却能轻松取得好成绩呢？这里给大家介绍几种高效的学习方法。

1. 刻苦努力，永不放弃

刻苦努力，永不放弃看似不是什么学习方法，但却是想要成功的最基础的前提，其他的技巧或是捷径只是起到辅助作用，如果不能做到这一点，再多的秘诀也只能是白搭。

2. 拥有完善切实的学习计划

之所以用拥有而不用制订计划是因为很多人都会制订宏伟的计划，但坚持不了几天就会抛之脑后。所以我们时时刻刻要牢记它。

当然制订计划也是有讲究的，首先要有一个大目标，比如想考进什么大学，这个往往是支撑你一直前进的基础。其次也是在我看来最为关键的，就是要有每周，甚至每天的小计划。比如这次考试中某科没有考好，而其他几门学科都不错，那么在接下来的一个月或者两周时间里就要针对自己的薄弱环节加强力度复习，这样会有比较显著的提高，当然也不是把其他几门学科全然不顾，知识要有侧重地复习。

而每天的计划则是更加至关重要了。有练的作业、背的作业、读的作业，要合理安排，专注做好每一件事，比如写good morning，1，2，3，4，5，6，7，8，9，10，11；还有每天固定要做的一些学习任务，这些训练是你不断提高成绩最有效的帮手。

3. 管理好自己的时间

一种习惯的养成只需要21天的时间，而拖沓症一旦形成，会对你的时间分配和学习效率造成很大影响。

（1）经常提醒自己。将任务的最终期限的确切时间写下来，并贴在你能够经常看到的地方，可以时刻提醒自己。对于特别重要的事要重点标出。

（2）将学习安排在一天当中效率最高的时候。找到自己的那个时间，全力以赴地学习，效果好，用时少。

（3）最后期限一定要比规定时间提前。

（4）将计划分出轻重缓急，重要的马上就做。

（5）每天早上至少完成一件你最不想做的事，其余的你就会在轻松的心态下完成。

（6）劳逸结合。在做作业时聚精会神，在玩时全身投入。

（7）计划不要随意更改。一旦制订了计划就严格遵循它。

（8）当你按时完成一个计划时，给自己一个奖励。

4. 养成独立思考的学习习惯

但凡有不懂之处不要马上向老师求助，因为考试时不会有老师在考场陪着你。我们遇到难题首先想到的是自己在哪方面存在遗漏，然后马上查阅书本和笔记，这些才是你真正的良师益友。当然如果还不会的话切忌钻牛角尖，与同学一起探讨也是非常好的方法。

5. 老师是你学习之路的领航者

也许你会奇怪，为什么之前说不要向老师求助呢？那是一种学习态度的问题，当然同学之间也不能解决的问题就要问老师了，毕竟老师经验更多和对历年考试的研究更胜一筹。老师不仅可以帮你解决问题，更能帮你解决学习中的困惑，比如怎样减少考试中的失误，怎样做到有针对性的训练，这些都是非常有价值的。

6. 定期总结

学习要养成定期总结的好习惯，当时看不出什么效果，时间长了，你就会发现它是你复习和查找资料的宝贵材料，应该养成周总结、月总结、章节总结等好习惯。

同学们，方法很多，也很简单，说起来特容易，做起来就不是一件轻松自如的事了，能坚持做的更是少之又少，能坚持又做好的就一定能成功！

既来之，则安之，更乐之

——给住校生的一点建议

亲爱的同学们：

你们好！

这是我第一次和全体住校生坐在一起交流，两个星期前沈科长就给我布置了这个作业，我一直在想给同学们讲些什么呢？

我最后决定还是给同学们说说我们住校生常常会出现的心理问题以及我们的应对办法。

一、优质教育吸引众多区域内外学生，住校生人数逐年增多

我校是一所自治区示范性高中，同时也是一所自治区德育达标学校。在全疆高考升学率名列前茅，教学质量好，管理严格，在社会上赢得了较高声誉，因此也吸引了区域内外众多优秀学子，甚至南、北疆各地学子。每当新学期开学时，来自区域内外的学生家长都千方百计不惜高额费用要将子女送来我校就读。自2006年扩招到现在，我校规模已扩大到59个教学班，在校学生数3500多人，住校生人数也在不断增加，构成了一个庞大的、特殊的学生群体。

二、住校生心理问题亟待关注

心理专家曾对2000名在校中学生进行心理健康状况调查研究后发现，住校学生比走读学生更易焦虑、偏执、抑郁。专家们分析原因是住校生离开家独立生活，学习压力大、竞争性强，极易导致躯体症状抑郁、焦虑等不健康心理因素。

我校的住校生生源较为复杂。从住宿原因看，绝大部分为农村学生，

家离学校远；也有极小部分虽住在城区，但因家长长年外出经商或因工作繁忙，没有时间、精力管理子女，想全托给学校。从家长素质看，有的家庭条件很富裕，但父母文化素质不高，只对孩子慷慨提供物质保障，不注重教育和引导，缺乏科学的教育方法。绝大部分农村学生家长自己的文化素质虽不高，但重视对孩子的教育，期望值也较高。

从学生素质看，绝大部分学生小学阶段在农村就读，上进心强，肯吃苦，聪明懂事能干，成绩出类拔萃，各方面表现优异，深得老师的青睐和同伴的佩服。但也有一部分学习基础一般，学习态度不端正，学习习惯不好。从住宿经历看，绝大部分住校生无住校经历，自理能力参差不齐，且大多偏弱（因是独生子女，从小父母娇生惯养的多）。

进入高中后，这些学生一下子脱离父母怀抱、家庭爱巢，要独立生活，面对陌生的学习环境、加重的课业负担，往往精神上产生茫然不知所措的孤独与焦虑，加上城区学校尖子学生、"高手"云集，一向得宠的学生因竞争失利往往产生情绪上的失落感和心理上的不平衡，在学习和生活中也出现了许多不和谐音。还有一些自控能力差、不自觉的学生因躲开了父母的约束管教而自我放松，于是自我封闭型、心胸狭窄型、挥霍贪吃型、贪图玩乐型、懒惰懈怠型、逞强好斗型、炫耀摆阔型等一些典型的心理障碍特征屡见不鲜。（举例09届鲁某某同学因不适应新环境而不愿上学了；04届李某某同学因上网成瘾而经常旷课，学习成绩直线下降，学费全上了网却谎称丢了，父母痛心不已，母亲甚至给老师下跪）

三、针对以上存在的问题，学校努力整合校本资源，立足预防引导，有效干预

1. 改善住校生学习生活环境，创设家的感觉

现在学生家庭条件普遍提高，住单元房、别墅，一个家庭，六个大人围着自己转，呼风唤雨，有求必应。虽然学校要重视学生的勤俭教育，但在"以人为本"的教育理念下，学校的人性化管理也应包括尽力改善办学条件，为住校生创设一个舒心、称心的生活环境，缩小学校与家的差距。因此，我校投入几百万元新建了学生公寓，并配齐配好必备的设施、生活用具，安装IC卡，为住校生创设一个温馨、和谐的环境，让同学们能更安心、

全心全意地投入到学习中去。

2. 用师爱和友爱补偿我们缺失的父母之爱

学校专职生活指导教师向社会招聘，均为身心健康、热爱学生、工作责任心强的中年女性。她们负责住校生的日常生活管理，重点指导学生独立生活，培养学生自制、自主、自理能力。开学初，科长和老师及时做好新生入校生活自理的培训工作，手把手地指导我们料理生活用品，认真细心地教同学们如何安排自己的生活，耐心说服教育，督促同学们养成良好的行为习惯。平时关心同学们的生活，及时提醒天气冷热变化。个别学生因想家而伤心，不厌其烦地进行安慰。对生病的学生做到小病有人管，有药吃，有针打，大病有人及时送到医院，并随时保持与家长的联系。

宿管科的老师就像同学们的妈妈，给我们无微不至的关爱。同学们夜不归宿，老师一个网吧一个网吧地找。当同学们情绪低落时是老师及时送来关心和安慰。

中学生正处于青春期，这一时期的孩子不信任父母，有事不愿和父母及老师交流，心理处于一种半封闭状态，但同学、朋友之间往往能够相互敞开心扉，讲内心的、真实的话。所以当同学们生活和学习上遇到困难时，我们更多的愿意向同伴诉说，并希望能从同伴那里得到心理上的支持。

同学们在一个宿舍住，情同兄弟姐妹。从同学那儿我们得到了很多关心和帮助。

3. 学会和同学交往

儿童长大的过程，是一个社会化的过程，那么社会化的过程有两个显著的特点，第一个特点是群体性。就是说儿童长大，是在群体的交往中长大的，再好的父母都不能代替伙伴这样一种交往的体验。所以说，一定要重视和同伴交往。第二个特点是实践性，是通过亲身体验，让同学们去明白很多道理。我就常想，我小的时候，也是有的时候和朋友好成一个人，后来又闹别扭分开，后来又怎么怎么恢复友谊，有的人疏远了，有的人有了新朋友，但是这些使你理解了什么叫人，什么叫社会，什么叫孤独，所以我们要看到儿童的社会化是离不开同伴的交往、群体的交往的。

同伴交往中，我觉得有三个原则需要提出来：

第一个原则就是学会发现他人，尊重多元文化，善于和不同的人共同生活。

第二个原则是要引导孩子要学会相互学习，善于发现对方的优点。

独生子女有一个缺陷，因为在家里往往比较容易受宠，不大容易去发现别人的优点，特别是小学生。比如你让小学生说某个同学的缺点，大家都是话很多，这也不好，那也不好，说了很多。如果让他们说说他有哪些优点，大家一下就沉默了，不知道，没看见。儿童时总看别人的缺点，有儿童心理的特点，这个就需要引导，一定要引导他慢慢发现别人的优点。你只有发现别人的优点，你才会和别人交往，这个是很重要的。社会学大师费孝通老先生就说了，让孩子相互学习。同伴交往的一大功能就是相互学习，为什么？因为儿童的学习是一种观察性学习，儿童懂道理经常不是听会的而是看会的，我看看你怎么做，你挨打了，我可要小心了，我不能挨打。你烫伤了，我也得注意，我这么做也会烫伤，这是间接学习、观察学习，所以说孩子在一起是全体社会化在相互影响，所以要让他在交往中学会互相学习。

当然还有第三个原则就是孔老夫子说的，君子合而不同。

我尊重别人，我善解人意，我愿意帮助别人，但是不等于失去我自己，我要保持我的个性，我要保持我的优点，我要保持我的见解，但是会友好地相处。

所以说这三个原则可能对于引导我们学会与同伴交往是有益的。

同学们，在我们的成长道路上我们比其他学生多了一份财富——学会了独立生活，这将使你终身受用。从这一点来说，老师为你们感到高兴，同时也希望大家在二中、在宿舍生活好、身体好、学习好。

张老师愿意做同学们的老师兼朋友，如果你在生活、学习、交际等方面有需要我帮助的，请把我当作你们的一位大朋友到心语室来和老师交流，我会尽全力帮助大家！

今天的讲话就到这里，谢谢同学们！

感恩思源筑梦想，成人成才勇担当

——致青春：献给18岁的你们

亲爱的青年朋友们、幸福的家长朋友们、我可爱的老师们：

下午好！

花柳繁盛，阳光如金，今天是五四青年节，是青春的节日，我们在这里隆重集会，为我们18届的孩子举行庄严而盛大的18岁成人仪式，心情十分激动。18岁是现代人举行成人礼的年龄。在这个具有特殊意义的日子里，我祝贺你们成为成年人了，同时也向为你们的健康成长付出心血和汗水的老师、家长表示衷心的感谢！我提议我们一起鼓掌：感恩父母，感谢老师，祝贺自己！

同学们，18岁，是人生一个重要的里程碑，是生命长河中一个关键的转折点。18岁，不仅是生理的年龄，更是心理的成熟。走向成人的你，应该思考一下：18岁意味着什么？

伽利略18岁发现钟摆原理；肖邦18岁前往维也纳举办专场音乐会；郭沫若18岁发表了《女神》；牛顿18岁进入剑桥大学；搜狐网站创始人张朝阳18岁在清华大学物理系读书；创办网易公司的丁磊18岁在成都科技大学学习；"两弹一星"的元勋们钱学森、彭桓武、邓稼先、钱三强、郭永怀、任新民、孙家栋，这些人的名字我们耳熟能详，你们想过他们18岁时在做什么吗？一定是心存爱国之志，苦读科学之书。

青年当承重，承重是锻炼。"你们今天是芬芳的桃李，明天是祖国的栋梁。"马云说，我们终将赢得明天，我们终将抵达远方，因为我们正年轻。

18岁回忆青春，你或许还有许多惆怅和遗憾：高一、高二蹉跎了岁月，浑然不觉就到了高三，再有33天同学们就要参加高考了，现在不是木已成舟，而是大有作为，这是一段千金难买的光阴，只要努力，一切皆有可能。还在迷茫的同学们，放下手机，告别喧闹，珍惜时光，勇于行动，定有收获！亡羊补牢为时未晚，小麦丰收要靠最后灌浆，长跑胜负要看最后冲刺。没有什么天生学霸，一切都是厚积薄发。成功的路上并不很拥挤，因为能坚持到最后的人不多，希望那个能坚持到最后的人是你们！

学校按照高考时间调整同学们每天的作息，这不仅仅是个"时间入轨"，也是考前备考细节、节奏、心态的有效营造，特别是中午时间的安静午休，体现了学校、年级、老师对你们的一份关爱，一份期许……

高考或许是我们人生中第一次重大的考验，它考验着我们的意志和对理想的执着，考验着我们心无旁骛、全力以赴的勇气！每当我走在教室外面，听到你们琅琅的读书声；看到你们埋头自习的身影；望着你们努力拼搏、意气风发的面容，我有理由相信：你们是不负青春的一届！是书写辉煌的一届！希望你们以充分的知识储备、最佳的心理状态迎接高考，赢得高考！因为青春现在是用来奋斗的，将来是用来回忆的，希望你们现在的奋斗是精彩的，将来的回忆是无悔的。

同学们，你们即将毕业。虽有许多不舍，但人生如文，总有许多段落，每一个段落的结束都有一个新段落的开始。老师会记着你们3年中的每一个镜头，念着你们每一次成长和进步。无论将来你们走得多远，你们都是母校的牵挂；无论多少年后，请你记住：你是哈密二中的学生，是二中精神和文化的传承者！

同学们，今天是成人的隆重日子，衷心希望同学们铭记责任，敢于担当。今天是成熟独立的日子，衷心希望同学们心怀敬畏，砥砺前行。今天是表达谢意的日子，衷心希望你们心怀感恩，传递仁爱。今天是擂鼓助威的日子，衷心希望同学们拼搏进取，志存高远。

同学们，过了高考的山重水复，就是人生的柳暗花明。昨天努力了，今天没遗憾；今天努力了，明天没遗憾。让我们张开双臂拥抱青春的18岁，拥抱考前最后33天，拥抱期待已久的高考，拥抱属于青春的胜利！师心无垠，纸短情长。祝福你们，我的孩子们，祝福你们高考平安顺利！梦想成真！再创辉煌！最后送给孩子们两句话：

感恩思源筑梦想，成人成才勇担当。

谢谢大家！

树立远大理想，担当时代责任

——2019年五四青年节及成人礼致辞

年轻的朋友们、幸福的家长们、我可亲可爱的老师们：

下午好！今天是五四运动100周年，在这个具有特殊意义的历史时刻，我们在这里隆重集会，缅怀五四先驱崇高的爱国情怀和革命精神，并为19届的孩子们举办盛大的18岁成人礼，传承五四精神，创造人生辉煌。习近平总书记曾一次次对广大青年学子进行鼓励、鞭策，对青年学子寄予厚望。

在2019年4月30日纪念五四运动100周年大会上，习近平总书记发表重要讲话，对当代青年提出6点希望。

1. 新时代中国青年要树立远大理想

青年理想远大、信念坚定，是一个国家、一个民族无坚不摧的前进动力。青年志存高远，就能激发奋进潜力，青春岁月就不会像无舵之舟漂泊不定。

2. 新时代中国青年要热爱伟大祖国

新时代中国青年要听党话、跟党走，胸怀忧国忧民之心、爱国爱民之情，不断奉献祖国、奉献人民，以一生的真情投入、一辈子的顽强奋斗来体现爱国主义情怀，让爱国主义的伟大旗帜始终在心中高高飘扬！

3. 新时代中国青年要担当时代责任

新时代中国青年要珍惜这个时代、担负时代使命，在担当中历练，在尽责中成长，让青春在新时代改革开放的广阔天地中绽放，让人生在实现中国梦的奋进追逐中展现出勇敢奔跑的英姿，努力成为德智体美劳全面发展的社会主义建设者和接班人！

4. 新时代中国青年要勇于砥砺奋斗

奋斗是青春最亮丽的底色。今天，我们的生活条件好了，但奋斗精神一点都不能少，中国青年持续奋斗的好传统一点都不能丢。

5. 新时代中国青年要练就过硬本领

不论是成就自己的人生理想，还是担当时代的神圣使命，青年都要珍惜韶华、不负青春，努力学习掌握科学知识，提高内在素质，锤炼过硬本领，使自己的思维视野、思想观念、认识水平跟上越来越快的时代发展。

6. 新时代中国青年要锤炼品德修为

面对美好岁月，要有饮水思源、懂得回报的感恩之心，感恩党和国家，感恩社会和人民。要在奋斗中摸爬滚打，体察世间冷暖、民众忧乐、现实矛盾，从中找到人生真谛、生命价值、事业方向。

青年朋友们，新时代是青年人的时代，你们是与新时代同行的骄子，要把中华民族伟大复兴的历史责任担在肩上，忠于祖国不负时代，在实现中华民族伟大复兴的中国梦中绽放青春活力，在18岁的高考战场上放飞青春梦想！

谢谢大家！

家校合作，助力孩子适应高中生活

——高一期中家长会讲话稿

尊敬的家长朋友：

大家好！

就在前几天，一个高一的孩子跟我聊天时说："已经开学两个多月了，但我总感觉自己是被高中这个大齿轮卷着走，觉得自己好像也没有初中时那么优秀，跟初中有太多的不同，想到成绩和高考，甚至会觉得好累好焦虑……"

很显然，这是一个还没有适应高中生活的孩子。事实上，我们的孩子无论是从小学到初中，还是从初中到高中，每一次学段的过渡，他们都有可能出现这样那样的问题，而我们做家长的，也会有各种情绪或担忧。只不过，随着孩子年龄的增长，我们对孩子的帮助也会越发显得力不从心。

所以今天，我想跟大家聊的是：如何帮助孩子适应高中生活。

一、高一孩子常见的心理状态

转眼间半学期过去了，通过观察，我发现高一孩子常见的心理状态有以下几种。

1. 紧张焦虑型

高中的学业相对初中压力较大，通过这半学期的学习，他们发现，高中的知识点和初中的知识点有很大差异，课程进度和课堂容量也比初中大了很多，但又不知道该如何去高效学习，所以学习比初中时更为吃力，这时候就会出现紧张、焦虑，不知所措的状态。

2. 沮丧沉默型

有的孩子可能初中本来学习不错，但因为进入高中以来的考试都不是很理想，有可能分数上会与中考成绩比有比较大的落差。对他来说，可能已经遭受到一定的打击，情绪状态就不是很好，加上看到跟自己以前学习程度差不多的孩子现在还是不错，就可能会越来越沮丧，话越来越少，跟父母的交流也会越来越少。如果您发现自己的孩子有以上异常现象，且持续时间已经超过两周，沟通交流后仍不见好转，请务必联系专业心理咨询师或到医院心理科寻求帮助，切莫讳疾忌医，耽误了孩子。

3. 脾气暴躁型

高中阶段的孩子，已经更加有主见，而我们家长本就对高中生活充满焦虑，看到他们越来越不服管教，家庭冲突就会增多变大。

4. 放任自流型

这类孩子会觉得我已经进入高中了，越往后我的学习压力会越大，趁高一学习不是特别紧张，我得先好好玩一下。基本上意识不到学习的压力，迷迷糊糊，还不能很清晰地明白自己的首要任务是学习。

二、高一家长常见的心理状态

面对孩子们的这些状态，有可能我们家长也会产生以下的状态。

1. 焦虑唠叨型

家长自己比较焦虑，反复唠叨。就孩子身上的一些问题和话题反复地说，自己也记不得说了多少遍了，但是就是忍不住。

2. 脾气暴躁型

发现孩子还没有适应，没有进入学习状态，就开始发脾气，说出来的话也比较难听，甚至会损伤孩子的自尊心。

3. 担心溺爱型

孩子进入高中，需要住校，完全独立生活，家长就会非常担心：孩子住校吃的习惯不习惯？跟同学能不能友好相处？会产生过度保护的心理状态，焦虑孩子的独立生活，很希望像袋鼠妈妈那样，能够永远帮孩子把一切保护好、处理好。

当然还有别的可能性的家长，因时间关系，我们没有办法在这里一一列举。那么，面对以上问题，作为高中生的家长，怎样做才是正确的，才能够帮助孩子尽快适应高中生活呢？

我就以下几点与各位家长简单交流。

初中到高中，确实有一个很大的差异性，作为家长，我们首先要有充分的心理准备，清晰这些差异，以减轻我们自己的焦虑。初中整个学习环境和高中是完全不一样的。初中相对来说知识内容少一些，题型也相对少一点，变化也比较少，课堂容量也小一点，而且相对简单；高中的知识点因为抽象，所以对学生举一反三的能力、触类旁通的能力都会要求高。初中的知识，重难点老师会反复强调，因为知识点少，所以巩固练习会多。而高中的知识，因为知识面多、知识点多，很多时候老师不会反反复复强调，这就需要孩子更加自觉主动地学习。不仅如此，孩子的人际关系也出现了很大的差异性，包括同学间的竞争也不一样了。在初中的时候，很多孩子在班级中还是比较出色的，自然会受到一定的关注。但是到了高中，竞争强了以后，可能孩子的受关注度会下降，加上同学间激烈的竞争，会使孩子觉得自己受关注的程度降低了。

三、做理智的高一家长

面对这些情况，我们家长到底应该怎么做？我建议家长朋友做好以下几点。

（一）家长处理好自己的情绪，培养孩子的自主学习能力

家长先要把自己的焦虑、紧张、担忧放下来，要有意识地对孩子放手，因为你要明白，孩子已经从初中到高中了，他的自主学习能力、自我生活能力，都应该有更大的空间，应该给他自我成长的空间。

（二）对孩子学习不适应的状态，家长要温和地给予理解与指导

因为是新学期、新环境，孩子因心理、生活、成绩各方面的变化可能会出现不适应的状况，家长一定要记住：不能过分看重分数，只谈分数，将孩子和问题放在一起去指责，而应用温和的态度去理解孩子，使自己与孩子站在一起，去帮助他面对问题，寻找到更好、更适合自己高中阶段的学习方法。千万不要对孩子进行一些不必要的，非常沮丧的言语打击，甚至是劈头盖脸的呵责和批评。面对下滑的成绩，家长可能会想：怎么一到高中你就考出这么一个成绩？实际上可能会因为初高中在知识点、学习方法方面巨大的变化而产生的成绩上的落差。这个时候家长要做的，是尽快帮孩子找到适合

高中的学习方法，给他们信心和鼓励。同时要尝试将孩子的焦虑情绪引导到对学习方法的变化和适应上去，只有适应了，才能对孩子高中阶段的学习起到真正的推动作用。

（三）培养孩子在集体生活中的独立、自理能力

小学、初中阶段，孩子大多都是在家长的关心呵护下，家长做好后勤保障下成长起来的。到了高中阶段，一部分孩子就需要住校了，这时候集体生活当中的独立、自理能力是非常重要的。面对集体生活，有的孩子能很好地与同学相处，照顾好自己，也有的孩子常会因为琐碎的小事与同学发生小摩擦……我们的孩子非常有必要学习在集体生活中，如何与身边的同学友好相处，使自己能够提升在生活环境、学习环境中应对各种问题的能力。

如果您的孩子正是住校生中的一员，不妨试着跟孩子交流以下三点。

1. 提醒孩子多动手，少抱怨

在住校生活中，一个寝室的卫生清洁，环境温馨，给孩子的会是一种舒适的感觉。提醒孩子不能像在家里一样，坐等着别人来打扫卫生，而是应该积极动手，保持桌子整齐，寝室卫生干净，床铺整洁，提醒孩子要做有利于宿舍卫生的事情。同时要少抱怨，因为宿舍的条件再好，也不会像家里那么舒适，帮助孩子正确对待现实情况，想办法克服眼前的困难，毕竟我们的孩子将来也是要走上社会的。

2. 面对舍友，提醒孩子不能自私，共同进步

在家庭生活中家长会考虑以孩子的感受为主，但是同一个宿舍里面，难免会有一些摩擦，会有一些矛盾，或者是性格语言上会有一些不和，这时，就需要家长引导孩子有一颗宽容的心，不能太斤斤计较，不能很自私地把很多事情都先从自身考虑，而要首先考虑同寝室的同学，他们会怎么样？他们会怎么感受？如果在集体生活当中，孩子跟同寝室的同学都有相对比较一致的目标，例如生活的目标、学习的目标，一起共同进步的话，那这样的宿舍，学习和生活氛围会是非常好的，而且会带动你的孩子快速进步。大家应该听过这样的新闻：一个宿舍几个孩子一起考了研究生，而且都是学霸，这就是宿舍里的学习氛围好，他们能够互相帮助，互相学习，取长补短，这样的寝室，这样的氛围，孩子们在一起生活学习，何尝不是孩子的一种幸福？

3. 提醒孩子，面对宿舍规矩，一定要遵守

对宿舍一些基本的规章制度，例如该谁值日、几点熄灯、如何保持宿舍卫生等等，要自觉遵守。

（四）要注意提醒孩子劳逸结合

高中这三年，学习任务非常繁重，有的学生超负荷透支脑力。好学当然是好事，但过度用脑则会适得其反。脑神经细胞具有兴奋和抑制两种既对抗又协调的功能，当人们从事脑力劳动或体力劳动时，大脑皮层有关区域里负担相应功能的细胞就开始兴奋，并逐渐加强，进而在大脑皮层里占据优势地位，此时，学习或工作效率最高。但兴奋超过极限就会逐渐减弱，而抑制作用逐渐增强，此时就会出现类神经衰弱症状（如头昏、头痛、失眠、记忆力差等）。如果能及时地更换性质不同的工作就会使原来处于抑制状态的神经细胞逐渐兴奋，让已经疲倦的那部分细胞逐渐抑制而获得休息。比如，做完一两个小时的数学题，听听音乐；学习外语后，读读诗歌或稍做点轻微的体力劳动，这样，大脑的工作区域就可以得到调整。有些人在学习时已经出现头痛、眼花，效率下降等疲惫症状后，采用凉水冲头、洗脸、咬唇、扯发等强刺激来迫使自己继续学习。这些错误的做法会使已经疲惫不堪的脑神经细胞继续兴奋，导致兴奋和抑制功能紊乱，就有可能导致心理、生理障碍或神经症精神疾病的发生。一旦发现孩子有以上症状，请及时带孩子到医院心理科进行专业心理干预。

（五）帮孩子提前规划好人生

新高考背景下，家长要有意识地帮助孩子做一些初步的人生规划。如果说孩子从小学到初中，都是你给他规划的，但是，作为一个高中生的家长，你需要有一个角色的变换，这就需要你有意识地让孩子自己去做一些初步的人生规划。因为高中阶段，随着现在高考的一些变化，也会面临一些对未来职业和未来发展的选择。作为高中学生的家长，您可以提前了解一下高中对选科的基本要求，在信息化的今天，我们家长可以提前进行学习了解。有意识地与孩子探讨一些关于社会职业、前沿社会发展的相关话题，帮助孩子有意识地去考虑"我在高中阶段，要怎么样发展自己，今后进入一个什么样的领域"。当孩子学会自我规划的时候，反过来就能触动他的内心，真正去找寻自我发展的道路。这时候他的主观能动性，也就被那些未来和他自我发展的目标所吸引，内在学习力也就被激活。同时，要能够适当鼓励孩子，让孩子敢于去思考未来，不轻易地做出一些批评和评判，当孩子告诉你他想以后做什么等一些尚未考虑成熟的想法，你不必一棒子打死，我们的孩子能主动去思考，主动敞开心扉跟你探讨这个话题，就是孩子成长的一大步，也是高中孩子特别需要迈出的一大步，所以，我们一定要鼓励孩子，让他能够大胆地思考，敢于追求自己的梦想。

四、对不同成绩学生的调节

我知道，所有的家长最关注的还是孩子们的成绩。但孩子的身心健康和人格的健全，其实是比成绩更重要的，因为积极健康的心理状态才是拥有幸福人生的重要保障。接下来我们针对不同层次的学生应如何调节做一简单交流。

（一）成绩较好的学生

高中成绩较好的学生由于从初中到这次期中考试成绩都较好，所以对自己的期望会很高，学习过程中或考试时一旦遇到解不出的难题，不免会惊慌失措，产生一种焦急情绪，从而影响状态。因此，家长平时注意给孩子以适当的挫折教育，训练孩子面对困难镇定自若的心理素质。每次考试，可这样告诉孩子，你不会做的题目，许多人也不一定会做，因为你的成绩在多数人之上。当遇到难题时，告诫自己不要急躁，可以先做完其他试题之后再去思考。

（二）学习成绩中等的学生

针对学习成绩中等的学生，鼓励他们要自信，高中生活才刚刚开始，只要这三年准备充分，临场发挥正常，是能够取得不错的成绩的。所以，对这类孩子的教育最重要的是要帮助他树立信心。如果发现他信心不足，应对其进行鼓励、暗示，使他产生信心。首先，应让其放下思想包袱，告诉他，考好了不是上天堂，考不好也不是下地狱，只要他能轻装上阵，就是胜利。其次，提醒他要全面掌握所学知识，学会从整体上把握知识结构。大量事实证明，在具备自信心的状态下，最后高考时许多平时成绩一般的学生都能把现有的水平发挥到最佳程度。

（三）学习成绩不理想的学生

这一类学生，家长要帮助孩子快速适应高中生活，寻找新的适合孩子学习的方法，要防止孩子自暴自弃，对高中学习丧失信心。要鼓励他们，高中才刚刚开始，我们一定要竭尽全力来度过这三年，努力的过程比最后的结果更重要。不管最后的结果如何，要让自己做到无悔于当下的每一天。

对于孩子，我们要认识到教育的基础——爱。爱是教育的出发点，又是教育的归宿，教育的核心。没有爱就没有教育。只有遵循教育规律，正确去爱孩子，才能真正帮助孩子慢慢地走完高中这一程。最后，希望在座的各位家长力争做到6个学会。

1. 学会尊重

尊重学生的权利，合理满足孩子的需要。

2. 学会等待

当孩子与家长有心理冲突时，家长不要以势压人，谁对谁错，要等待孩子对事物的重新认识。

3. 学会宽容

孩子有错时，要帮助孩子明辨是非，态度要宽容。

4. 学会欣赏

要善于发现和欣赏孩子的优点，常用肯定性的语言表达"你真行"。

5. 学会合作

父母和孩子人格上是平等的，关系上应采取合作态度，切忌居高临下。

6. 学会创造

引导孩子积极思维，敢于向"为什么"挑战。

孩子的成长过程，也是我们家长的成长过程。对孩子的教育没有彩排和预演，都是现场直播。孩子从初中生到高中生的角色转变，更需要我们家长对待孩子的态度和方法有所转变。我们的孩子处在人生中最关键的三年，为了孩子们的身心健康，为了他们拥有一个稳定的心态，一个更积极向上的学习状态，希望在座的每一位家长朋友从今天开始，身体力行。咱们家校合作，共同努力，合力将孩子的人生之舟顺利送入更浩瀚的大海，拥有一个阳光多彩的人生。

亲子沟通，做孩子的引导者、陪伴者、同行者

——高二年级期中家长会讲话稿

尊敬的家长朋友：

大家好！

生活中，我经常会听到家长这样抱怨："这孩子也不知怎么了，以前也挺听话的，现在跟换了个人似的，什么事都要跟你唱反调，我刚说几句他就嫌烦。"我不知道在座的各位是否也遇到这样的问题。是的，这样的现象并非偶然。

从发展心理学角度来说，高二的孩子正处于青春期的高峰期，他们更喜欢自己处理问题，有了更加强烈的自我意识，不愿意家长、老师过多干涉。而家长往往忽略了孩子在这一阶段的特点，依然用老眼光看待孩子，用老方法处理问题。对孩子表现出的厌烦情绪，大部分家长不是找原因想办法如何缓解，而是采取反复说教，甚至粗暴干涉的措施，结果导致治标不治本。

其实不止家长会有困惑，现在很多教师也都感慨，如今的高中生越来越有想法，更桀骜不驯，更难管理和教育，他们动辄与家长、教师形成水火不容之势，实在令人头疼。那么，如何帮助孩子找到情绪的宣泄口？如何处理好与孩子之间的矛盾？如何避免两代人的战争？要做到这些，良策只有一个：与孩子实现良好沟通。但这也正是许多家长的隐痛：为什么我能把孩子养大，却无法跟他沟通？

我们先来谈谈与孩子沟通困难的原因。

一、双方都以自我为中心，各说各话，无法激发交流的兴趣

网上曾流传过一个孩子们津津乐道的笑话。孩子问爸爸：爸，您听说

过《菊花台》吗？爸爸回答：没喝过。爸爸以为《菊花台》和茅台一样都是酒，但孩子讲的是歌星周杰伦的一首歌。什么是代沟，这就是代沟。孩子喜欢王俊凯、鹿晗、易烊千玺，生活上玩抖音、喝贡茶、吃鸡、哈韩、沉迷网红，说话中英文混杂，思维跳跃。而家长关注的是吃喝拉撒，听的是《潇洒走一回》《晚秋》，穿的是职业装，说话中规中矩，思维四平八稳。大家看，两代人喜欢的、关注的东西都不一样。没有共同的爱好和兴趣，想要找到话题还真难。所以，孩子们回家后主动与家长交流的很少，有些孩子甚至十多天不与家长说一句话。他并不是和您有矛盾，而是不知道该说什么。家长有时候会主动跟孩子说话，但无非是想了解孩子在学校表现得怎么样，最近学习成绩好不好，能不能跟上之类的。虽说这也是关心，但日复一日总是这一个话题，孩子听个开头就烦了。当然，如果孩子之前一直跟您沟通较好，突然出现超过两周的不愿多说话、情绪低落或易激怒、饮食突然增多或减少、嗜睡或失眠等异常现象，请务必重视，及时寻求专业心理咨询师或医院心理科的帮助。

在心理学的调查中，有问及青春期孩子"最想和家长沟通的内容"，93%的受访者的答案都与"关注自我"有关。其中，"个人爱好"的比例最高，达到21%。孩子希望跟家长聊聊喜欢的明星，或者历史奇闻、健康保健之类的知识，此外，才是"未来人生规划"（16%）、"学习、高考"（13%）等话题。

但在现实中，大部分高中生说家长跟他们谈得最多的是与学习和学校相关的事情，少部分家长会和孩子谈论"未来职业规划"，只有极少数家长会跟孩子谈论电影明星等与学习完全无关的内容。

从调查中得知，家长最爱谈学习，过度关注学习，这会让孩子最反感。可是很多家长没有意识到这一点，反而不断询问孩子学习上的事情，给他们增加了心理压力。而当孩子不想沟通时，大多数家长束手无策。其实，高中生仍处在青春期，独立意识和自我意识都在增强，他们比小时候更加愿意与人交流。当遇到困难时，他们通常会找信得过的人沟通，而不是非要求助于家长，这种长大的表现却不为家长所理解和接受。

二、家长的唠叨和拿孩子与他人相比较的做法，激发了高中生的逆反心理

面对孩子学习状态不好时，很多家长陷入两难境地：不说吧，他不用

心；说吧，他嫌你唠叨。家庭矛盾由此产生，甚至有的家长与孩子双方长期冷战。孩子烦的是家长唠叨，缺的是与家长的正常沟通。而很多家长认为，跟孩子沟通就是督促他学习。有些家长很有本事，不管谈论什么，话题最后都会绕到学习上，无论干什么都能与学习联系上，好像不谈学习孩子就会退步一样。这种交流无疑让孩子难以接受。

中国人在潜意识中喜欢攀比，比工作，比待遇，比容貌，还喜欢比孩子。比孩子时，他们又总是看到别家孩子的优点，自己孩子的缺点。如果我现在让您列举自己孩子的缺点，您可以说出几个？是不是会一口气说出一大堆。可如果我现在要让您列举孩子的优点呢？仔细想，您能说出多少？是不是发现比说缺点难了很多。我能理解，每位家长关注孩子的缺点，初衷是希望孩子改正不足，以此激励孩子上进，但这样的比较往往适得其反，它给孩子的暗示是：你没希望了，连家长都不信任你。孩子得不到自我满足感和成就感，不愿意和家长交流，家长也就无法对孩子进行正确的引导。

三、家长全方位的监控，迫使孩子远离家长

许多家长对孩子各种不放心，虽然已经高二了，内心还是认为孩子小，自己不能放手。当孩子不愿意和他们交流时，有的家长甚至开始充当"侦查员"，翻查手机、偷看微信、偷看QQ等，被孩子发现了，还理直气壮地认为自己是为了孩子好，怕他一步走错，步步错。但让高中阶段孩子最苦恼的，恰恰就是父母对他全方位的监控。一个孩子曾气愤地说："每个人的内心都有一个隐秘的世界，未得到邀请，别人是无权进入的，这是最起码的尊重，但是我的家长连这点都做不到。"孩子反感家长的这些举动，当然就不愿意和家长交流，时间长了，彼此的隔阂就会越来越深。

其实，孩子进入青春期后，会强烈感觉到自己的独立性，想保护自己的隐私。而家长由于平时与孩子沟通少，不了解孩子，只是站在自己的立场上简单地考虑问题，探询孩子的隐私，而没有想过孩子的感受。

四、家庭结构影响家长与孩子的沟通

不同家庭的孩子在与家长的沟通状态上，是存在明显差异的。在以往的调查中，当问及"你与家长交流的满意度如何"时，婚姻幸福家庭的孩子认

为"很满意"的比例最高，达18.5%，单亲家庭和再婚家庭孩子的获选率为13.5%和15.4%；而回答"很不满意"的，婚姻幸福家庭的孩子仅为4.1%，再婚家庭和单亲家庭的孩子则分别高达23.1%和8.1%。

家长婚姻关系的变化，越来越明显地影响着孩子。婚姻幸福家庭的孩子与家长的沟通问题可能仅仅是不合拍而已，而单亲和再婚家庭的孩子则更多地面临着无人沟通或厌恶沟通的状况。由于家庭结构变化，单亲和再婚家庭的孩子更需要家长的关爱和交流，但是，往往这些孩子成了最缺少关爱和交流的一群。

家长与孩子之间如果没有正常的沟通，就不会存在良好的亲子关系，没有好的亲子关系，家长就会完全丧失教育的权利。

家长与孩子沟通难的问题该如何解决呢？建议家长朋友从以下几个方面去思考。

（一）认识到成功的沟通没有秘诀

实际上，沟通并没有通用的模式，与一个孩子沟通的方式并不总是适合于另一个孩子。因此，家长必须根据自己孩子的特点，创造自己的沟通方式。比如，一个孩子个性内向，沉默寡言，一般的方法难以获得有效的沟通。于是，他的妈妈根据儿子喜欢听音乐、写作和阅读的特点，经常与儿子一起到书店去，在那里听儿子向她讲述故事和书里的人物，以此了解他的想法和感受；她还和儿子一起听音乐、做儿子作品的第一个读者，不断进行鼓励，她的儿子最终慢慢地活跃开朗了起来。可见，成功的亲子沟通没有什么秘诀，只要你是有心人，就能找到适合与自己孩子的沟通方式。

（二）学会倾听

家长与孩子沟通需要谈自己的意见，但更需要耐心地倾听孩子的想法。倾听意味着避免打断孩子的话、集中精力于交流的过程。为了便于做到这一点，沟通最好在安静的地方进行，排除可能使人分心的干扰。如果你正忙于做晚饭或看喜欢的电视节目，要做到认真倾听是困难的。做一个耐心的倾听者能使你了解孩子的问题和观点，有助于澄清事实，避免对孩子的误解。经常倾听孩子的声音，你会发现，尽管你没有对孩子提出许多要求和建议，你的孩子却更多地向你提出问题。这是因为，善于倾听的家长才有可能成为孩子的知心朋友。所以，对于这个年龄段的孩子，听比说更重要。

（三）创造机会交谈

与孩子沟通需要有恰当的机会，这个年龄的孩子不喜欢预约的谈话。你想谈的时侯，他们可能没有兴趣，只有他们想谈的时候，沟通才有可能顺利进行。有些家长可能喜欢在饭桌或睡前与孩子谈话，有些家长则常常利用一起散步或郊游的时间与孩子交流。不管选择什么时间，我们都要明白，最佳的沟通常常是在共同的活动中进行的。切忌不要总是试图在临时想起的、不固定的时间与孩子进行沟通，那样做的结果只能是失败。

（四）讨论相互间的差异

家长与孩子之间往往在观念和意见上存在差异。比如，家长认为孩子应该在晚上10点以前回家，而青春期的孩子则认为自己已经长大了，可以晚一点回来。如果不能有效地处理这种差异，沟通就难能奏效。家长应当认识到，这些差异实际上为我们提供了重要的机会，以便重新思考原有的教养方式和限制措施，与孩子一起商议和制定新的制度，从而帮助孩子发展有用的社会技能。由于青春期的孩子对事物的认识辨别能力以及考虑各种可能性或观点的能力不断增强，这种商议是可能的，也是有益的。如果相互间的差异比较大，一时难以协调，家长也不必着急上火，最好平静而坚定地告诉孩子你对他的关心和期望，耐心地进行解释，从而使差异限定在一定范围内，而不至于演变成一场冲突。

（五）避免过度反应

对孩子言行的反应过于激烈往往导致争吵，使交谈无法继续。为了使交谈保持友好的气氛，家长绝对不要带着焦虑和情绪与孩子交谈，同时，为了体现尊重，避免引起反感，家长在提问题时，最好以商量的、平和的语气进行，如"你这样做是怎么想的？""让我们谈谈好吗？"家长要努力成为孩子愿意倾吐秘密的对象，成为对孩子的事情感兴趣的人，只有这样，孩子才乐意向他们敞开心灵。比如，你的孩子告诉你，晚上他和伙伴们一起去K歌了，如果你表现得很吃惊且激动，或对事情的结果根本不感兴趣，孩子以后当然就不会再对你说什么了。家长要认识到，孩子最希望得到家长的肯定、鼓励和奖赏。如果孩子和家长谈话时受到批评，他会感到自己的坦率得到的不是奖励而是惩罚，这将伤害他继续与家长直接交流的积极性。

（六）讨论对孩子来说感觉重要的事情

孩子们生活在不同于成人的另一个世界之中。有些事情对家长来说并不重要，甚至令人烦恼，但对孩子来说就不同了，那可能是意义重大的事。家长不必假装对孩子们的事情感兴趣，但是必须对他们的感情和观点表示尊重。因此，经常与孩子讨论他们的事情是必要的。我这里给大家列出几个青少年通常所感兴趣的主题。

1. 学校

如果你问孩子最近在学校怎么样，他很可能会回答说，"没怎么，还可以"。当然，这不是真的。孩子这样回答其实是因为家长的提问太笼统，孩子无从回答。家长结合孩子学校生活的实际情况问一些具体的事情，例如，"听说你们学校最近举行运动会了？"这样才可能开始一段对话。

2. 业余爱好和个人兴趣

不少孩子喜欢体育，家长不妨与他讨论喜欢的球队或赛事，可能的话，可以一起去现场观看比赛；音乐也是他们所热衷的，家长至少应该知道流行歌手的名字。如果你认为孩子正在听的音乐是不适当的，或认为他的追星行为有些过分，不妨坦率地告诉他们并且说明为什么，保持沉默往往会被误解为允许。

3. 情绪

这个年龄段的孩子常常对许多事情感到担忧，如自己的朋友、流行事物、身体超重或太瘦、考试成绩、上大学以及世界的未来等，所有这些事情都可能使孩子情绪波动。家长有时可能难以判断这些事情对孩子到底有多重要。如果是这样，家长可以直接问孩子："这个问题对你来说是无足轻重的、中等重要的，还是重要的？你经常对此感到担心吗？"在了解了之后再决定如何帮助他减轻烦恼，切不可忽视或置之不理。

4. 家庭

多数孩子喜欢谈论和参与制订家庭计划（如购物、假期安排），这其实是孩子社会性发展的必然反映。家长应充分发挥孩子的积极性，与他一起讨论家庭的计划和安排，鼓励孩子发表意见，重视并采纳其合理意见。这样不仅能够增进孩子的归属感和安全感，还培养了孩子对家庭的责任心以及分析处理问题的能力。

5. 敏感话题

有时孩子们会希望与家长交流一些敏感的话题，如毒品、性、艾滋病、离婚等。在处理敏感话题时，家长要记住，回避并不能使它们消失，反而会促使孩子从网络或朋友那里寻找相关信息。如果他得到的信息是错误的（这种可能性相当大，很多青少年从网络上获得片面的性知识就是例子），就会妨碍孩子正确价值观的形成。

6. 家长的生活、希望和梦想

许多孩子希望了解家长的世界，包括过去的和现在的。比如，谈恋爱时是爸爸主动吗？单位的领导怎么样？切记，这并不意味着家长必须把所有的事情告诉孩子，对不恰当的问题最好机智作答。尽管如此，对孩子讲述自己青春期的往事和现在的生活有助于孩子应对他自己的生活。

7. 文化、时事

现代的世界是多元丰富的，我们的孩子也被电视、手机、电脑、电影等媒体包围着。家长要认识到，这些媒体能提供一个了解他们内心世界的窗口。例如，如果你和孩子看过同一部电影，你就有了对话的机会。所以，家长应当对孩子热衷的媒体给予同样的关注。当然，家长也要看到媒体传播的不良信息可能带来的消极影响，对孩子利用媒体的过程进行必要的指导和监督，通过交流帮助孩子提高对不良信息的鉴别抵制能力。

（七）沟通时持亲切、尊重的态度

现在的孩子崇尚个性，喜欢自我表现，追逐新鲜事物。因此，他们说话做事时常令人难以接受。但无论孩子给你的刺激有多大，作为家长，你都要想办法让自己保持平静。在与孩子说话时，你所表现出的尊重和自我控制最终有一天会出现在孩子与他人交流的过程中。在与孩子交谈的时候，如何说话与说什么同样重要。简单命令式的、挖苦讽刺式的、情绪发泄式的话语只会伤害孩子的感情，而于事无补。家长要学会以尊重的态度、平静的语气对孩子说话。尊重还体现在家长与孩子进行有深度的交流沟通方面。高二孩子的社会意识和对事物的理解力已逐步接近成人，他们赞赏有思想性的、有深度的交流，因为这样的交流使他们感到自己被家长视为平等的伙伴，能激发他们的自尊感。家长完全可以就广泛的主题——如社会问题、世界和平、环境治理、创造发明、国际国内形势等与孩子展开讨论，而不要使沟通仅仅局限在孩子的学习和日常生活上，那只会使孩子逐渐丧失与你沟通的兴趣。

（八）反省自身言行，做合格家长

如果家长与孩子之间已经出现了沟通障碍，我们首先要反省自身，生活中自己与家人、老师、朋友的交流是否为孩子树立了一个好榜样？生活中自己是不是有不当的语言和举止，阻碍了孩子与你的进一步交流？例如，孩子这次成绩不理想，您会如何与孩子沟通？是将孩子与糟糕的成绩放在一起去指责他，还是让自己与孩子统一战线，一起去寻求提升成绩的办法？与孩子关系的改变，作为成人，我们需要承担更多的义务和主动性。我想将家庭教育中的"好家长十大好习惯"送给大家，作为我们共同努力的方向：

（1）终身学习，和孩子一道成长的习惯。

（2）真爱和严格要求相结合的习惯。

（3）言教、身教、心教相结合的习惯。

（4）诚实守信的习惯。

（5）乐观和快乐的习惯。

（6）不代替孩子成长的习惯。

（7）发现和赞扬孩子的习惯。

（8）让孩子承担责任的习惯。

（9）关心和引导孩子学习的习惯。

（10）家校合作、沟通第一的习惯。

家长朋友们，成绩固然重要，但孩子的身心健康是一切成功的基石，只有我们做到有效的与孩子沟通，才有可能成为孩子真正的引导者、陪伴者和同行者。沟通是门学问，值得我们不断地深入探究并牢牢掌握。这门学问归结成一句话就是：孩子的成长过程，也是我们家长的成长过程。培育孩子的过程没有彩排和预演，只有现场直播。作为学校，我们的目标与您完全一致。我们希望通过更多的家校合作，共同努力，合力将孩子的人生之舟顺利送入更浩瀚的大海，使我们的孩子拥有一个阳光多彩的人生。

我们如何做好高三学生的家长

不知不觉，高考正一步步向我们逼近，仅剩不到80天了。我是老师，也是高三孩子的母亲，此时此刻，我深深懂得家长们的心：面对自己的孩子，面对即将到来的高考，我们和孩子一样，几分期待，几分兴奋，几分紧张，几分担忧，但更多的是美好的憧憬和期盼。作为高三学生的家长，必须从宏观到微观地认识高考，解读高三，了解孩子，才能与时俱进，较好地与高考接轨，与教师沟通，与孩子交流。在此我想和高三学生的家长就"考前我们该做什么？"谈谈我个人的一点想法：

（1）了解现行的高考制度和高考改革情况，我们的孩子是新疆维吾尔自治区课改的第一届学生，学生和家长面对的都是一种全新的高考模式，"考什么、如何考？"是我们必须搞清楚的问题。家长可以在新疆教育信息网上查阅2010年12月27日自治区教育厅公布的《自治区2011年普通高校招生考试改革方案》了解相关信息。

（2）掌握每年本省的招生基本情况（含当年报考人数和招生人数），了解当今高校的专业设置走向和近几年的就业形势，对孩子未来要报考的学校、专业有一个初步规划。

（3）了解孩子在校学习的基本情况，比如孩子在校的表现、上课放学的时间、复习的进度、模考的时间、周考的成绩等。家长还需进一步了解孩子在文科或理科的年级排名位置、主要优势和弱势、目前主要存在的问题和成因，以及近期的努力方向等。

（4）从现在开始，就要和孩子一起制定高考的奋斗目标。目标的制定要适度，计划要可行，措施要落实。起点不要太高，要求不要过分，一步一个脚印。

（5）经常与孩子沟通。在与孩子沟通前要学会借力，主动、持续地和孩子的班主任及科任教师保持联系，随时掌握孩子的学习和生活情况，并以此作为和孩子沟通的基础。另外，还可以借助孩子同学的同伴教育作用，在正面发挥潜移默化的影响作用。在与孩子沟通时首先要学会做孩子的朋友而不是长辈，在孩子心中你既是可敬的父母，也是可靠的朋友，你是真心地帮助他，只有这样孩子才愿意把内心深处的想法告诉你。要多给孩子一些鼓励，多给孩子一点信心，做孩子高考的强有力后盾。由于孩子的个体差异，成绩免不了有好有差，孩子由于放松学习导致成绩差，应该适当的批评。但是孩子很尽力，成绩却不怎么理想，更应该给他信心，而不是一味地给他泼冷水，这样会使他对学习产生反感的情绪。面对成绩不理想的学生，家长不应该一味地责备，更不应该放弃，应多关爱，多帮助，多交流。

（6）创造较好的家庭学习条件，营造良好的家庭学习氛围，建立和谐的亲子关系。备考期间，家长的心情要愉快。有些家长担心孩子考不好，心情不好，愁眉苦脸，说话很少，孩子一看就明白家长比自己还紧张。高考前半个月，家庭要有一个温馨和睦的气氛，这将有助于孩子心态的平和。感情的力量是巨大的。温馨的家庭氛围，将融化孩子心中的抑郁、苦闷、焦躁，有助于孩子调整心态，有助于孩子提高复习质量。高考前半个月，家庭中不要发生争论，父母之间也不要发生口角。如果确有重要的原则性问题需要解决，放在高考结束之后再进行。在孩子备考的阶段，家长要想方设法使家庭的环境相对安静。家长每天可以看看新闻节目等，最好不要看太过于吸引孩子的电视节目，以引起孩子看电视的欲望，使孩子分心，影响复习效果。在这个阶段，最好不会客，否则将影响孩子安心复习，实在要与客人见面，最好在家里以外的地方。另外，在孩子复习时间，尽量少打电话，打电话时也要言简意赅。

（7）督促孩子运动与娱乐。在高考备考阶段，不少考生一看书做题，就是一个晚上，中间也不休息，以致头晕脑涨，影响学习效率，影响心情。家长要提醒孩子在复习期间做必要的、适度的轻微运动，例如散步、做俯卧撑等，这有助于孩子解除疲劳，保持精力。在孩子休息期间也可让孩子听些喜欢的音乐，这也有助于孩子调整心态，解除疲劳。但不宜看强烈的、有刺激性的节目。

（8）经常帮助孩子调整心态。备考阶段，每周考试的成绩都会影响孩子的心态，如果考不好甚至出现焦躁不安的情绪，这是很正常的现象，家长不必过于担心。但也要以平等的身份，从尊重孩子人格的角度出发，帮助孩子及时地调整心态，避免孩子不良心态的继续发展。帮助孩子调整心态时，既讲一般的原则，又要告诉孩子一些具体调节心态的方法。

家有考生，我们是感觉与以前不一样了，但以平和的心态对待孩子、对待自己才是最重要的，愿我们的孩子在高考中长大成人，愿我们的亲情在高考中更加美丽！

与孩子和谐相处，做一个幸福家长

——2012届期中考试家长会发言稿

各位家长朋友：

下午好！今天坐在这里，我忽然有一个感觉：高中这三年就快过去一半了。咱们的孩子还没有升入高中时，常听朋友说：高中三年不好熬。可当孩子上了高中后，我们在感慨不好熬的同时也在感慨时间过得真快。是这样吗？

我也是一个高中孩子的家长，我更想以一个家长的身份和各位朋友聊聊孩子的教育问题，因为我和大家有着相同的经历和感受，有着相同的喜悦和烦恼。

我们的孩子被称作90后，在他们身上有着我们60年代人所没有的许多鲜明特征，他们是中国目前最青春的一代，我们常常对自己的孩子感到既熟悉又陌生。熟悉，是因为他们就生活在我们身边，朝夕相伴；陌生，是因为我们常常觉得不能接受这些孩子，不知道他们在想什么。更苦恼的是我们对孩子可谓呕心沥血，可孩子不仅一点不感恩还经常与我们发生冲突。

我想说，这还是我们不了解我们的孩子，因为不了解，所以也就不知该怎么与孩子沟通。我们孩子身上的特点可以概括如下。

一、90后孩子的普遍特点

1. 理想高远，充满自信；但努力不够，情感脆弱

90后的孩子价值取向和人生目标呈现多元化的特点，他们不甘平庸，对自我的认识程度和接纳程度都很高，就是我们所说的自我感觉很好，认可自己在社会生活中的位置，对自我发展充满期望；可是他们在情感上又极度敏感脆弱，常表现出焦虑、抑郁、烦躁、痛苦等情绪，遇到挫折易灰心，对付

出才有回报、成功来自努力理解不到位。好想当然，吃苦精神差，所以他们最常说的话是"别说了，烦死了""你们不理解我的做法""代沟"等，因此难以轻松愉快地学习生活。

2. 自主意识强，重视自身权利的保护，但又时常受到家长的限制

90后的生活水平明显提高，拥有的物质生活更加丰富，消费行为更加自主化，并希望父母、老师不要干涉他们的自由，尊重他们的权利。比如，买衣服，更多的孩子愿意自己做主，自我选择，追求时尚，追求品牌，盲目攀比，家长没有征得孩子同意买回的东西可能就成了废品。他们认为他们已经长大了，有能力去做出选择。保护自我权利的意识也越来越强，常认为父母强加于他们观念的做法是"侵犯了我的权利，是对我人格的不尊重"，而且年龄越大，渴望得到大人的理解和尊重的意识越强。

3. 喜欢学习但课业负担太重，媒介环境诱惑太多

其实多数孩子是喜欢到学校去上学的，而且对学习也有不小的兴趣，并且也想通过努力学习实现自己的理想，可我们也发现现在有相当一部分孩子存在厌学心理，就我所做的课题调查统计：课业负担太重和媒介环境诱惑太多是孩子厌学的主要原因。90后的学习压力比以前任何时期都大，他们每天写作业的时间严重超标，睡眠时间严重不足。考试频繁，家长、老师对排名的期望值高，再加上现在信息发达，孩子们受电视、电脑影响也是不容忽视的，尤其是上网成瘾带来的负面效应颇多，给我们的教育带来了新的课题和困惑。

4. 人际交往能力较强但矛盾也颇多

90后的人际交往能力都较强，而且标准也很高。亲子关系中他们希望父母不要只关注他们的学习，而更多地能理解他们；同伴关系中他们很看重同伴在自己心目中的地位，信任感是他们维系同伴关系的纽带，而不是像父母那样最关心的是与孩子交往的朋友的学习好不好；师生关系中他们多数能与老师和谐相处，但对老师的要求也很高，希望老师能对他们的做法满意、欣赏、关注、宽容和尊重。可是一旦家长、伙伴、老师与他们的期望有差距时，矛盾就出现了，人际关系随之出现问题。

二、家长的应对策略

针对高中孩子以上特点，我们家长该怎么办？

1. 关注孩子的心理需求

90后是幸福的一代，因为社会给他们提供了最好的物质条件，但他们并不是最快乐的一代。父母为孩子提供的优裕生活条件，只满足了他们的生理需要，从马斯洛的需要层次理论讲，这是最基础、最低层的需要，而孩子们更希望家长、老师能满足他们的精神需求，如尊重的需要和自我实现的需要。建议父母在关心孩子生活的同时，用更多的精力来关心孩子的心理，不要把我们的意志和价值标准强加给孩子，给孩子发言权，多维护孩子的尊严，多理解孩子的烦恼，因为他们已经在长大。尤其是遇到困难时，孩子更渴望得到父母精神上的支持。

2. 构建和谐的家庭氛围

孩子幸福指数的高低很大程度上取决于家庭的氛围是否和谐。父母离异，家庭破裂，易使孩子变得内向自卑，对他人感情淡漠；父母关系不和，出现家庭争吵，甚至暴力，严重伤害孩子纯净的心灵，使孩子整日内心惶惶不安。许多上网成瘾的孩子就是因为在家庭中感情缺失而在网络的虚拟世界里去寻求情感的满足。一个家庭无论多么贫穷，只要家里有幸福恩爱的父母，对孩子来说都是最富有的。平等和谐是亲子关系的永恒主题。

3. 相信孩子的自主能力

现在的孩子大多是独生子，从心理上是孤独的一代，所以他们渴望交友，看重同伴关系。所以父母在孩子交友方面不应过多干涉，而应多予引导，要相信孩子有自主选择的能力，培养他们交友的技能，父母应从交什么样的朋友、如何尊重他人、如何保持适度的交往等方面进行引导，而不是一味干涉，否则只会激化矛盾。

父母给孩子的爱再多也不能代替同伴在孩子心目中的位置。良好的同伴关系也可以帮助孩子更好地适应学校生活，增强孩子心理调适能力和社会适应能力。

4. 帮助孩子共同学习

我所说的帮助如果是指给孩子学习上的辅导的话，那么在座的家长朋友没有几个能做到，我说的帮助是家长应做孩子生活上的后勤部长，情感上的心理医生。

孩子深夜学习，我们送一杯牛奶，削一个苹果，甚至一句关心的问候都是对孩子心理莫大的安慰；孩子考试失利，一句理解的话语，一个鼓励的眼神，一个积极的暗示，都会帮助孩子走出失败的阴影；孩子出现问题多与老师沟通，从老师那儿你不仅可以了解孩子的更多表现，还能相互商量出解决的办法。

家长朋友们，教育的话题太多，孩子的情况也很复杂，我挂一漏万地讲了这些与大家共勉，有不妥之处还请多多批评指正。

正确陪伴，让孩子顺利度过高三

——高三期中家长会讲话稿

尊敬的家长朋友：

大家好！

在开始之前，我想跟在座的各位分享一个案例。

"我是一个高三学生，成绩一直都不错，老师、父母和亲朋好友对我期望也很高，而我自己也很想考进一所名牌大学，但是我又非常怕自己会失败，距离高考的时间眼看越来越近，现在我总感觉自己很紧张，有时会头晕，睡眠质量也差，一想到万一高考失败，我的心就咚咚直跳，心烦，上课时注意力分散，感觉脑子都变笨了，我感到压力非常大。我该怎么办？"

亲爱的家长朋友，如果孩子求助的是您，您会怎么回答？可能您心中会有很多个答案，是的，当这个学生不是我们自己的孩子的时候，您会冷静，会坦然地帮他寻找各种解决问题的办法。如果这个孩子是您的孩子，您又会怎么做？当然，可能您会觉得这事绝不可能发生在自己孩子身上，毕竟我们都希望自己的孩子一帆风顺地将自己人生的小船驶入大学的港湾。可必须要承认，孩子成长的道路上必然会遇到各种各样的困惑和困境，尤其是高三的孩子，面对高考这个转折点，他们可能更需要我们家长的助力。今天我想跟大家聊的是：

到底如何正确去陪伴、去关爱我们高三的孩子们。

一、家长的"高考综合征"

我相信今天到场的各位家长没有一位是不爱自己的孩子的，现在，请您思考：对于我们的孩子，您的关爱是否是恰到好处的？是否是孩子需要的？

根据心理学调查研究，高三学生的精神压力60%～80%来源于家庭，受家庭消极情绪的影响，要让孩子心情轻松的上考场，必须先治好家长的"高考综合征"。

作为家长，我们在这一年也会承担着不同程度的心理压力。具体表现有：一是陪读陪考。在高三学生中陪读的超过30%（这个数字可以根据学校真实情况定），而陪考的占70%～80%左右，有的甚至是爷爷奶奶、外公外婆也参加进来。二是对孩子的衣食住行全部包揽。一些家长为了让孩子考出好成绩，他们把日常生活中的各种事情都替孩子做了，让孩子一门心思读书，考上重点大学，考名牌大学。三是有意地制造"一级战备"状态。越是高考临近，许多家庭气氛越紧张，有的家长甚至吃不下饭，睡不好觉，生怕孩子考不好。如此种种对孩子过分保护、关心和担忧所产生的负面效应往往大于正面效应，起到了消极暗示作用，无形中使孩子增加了考不上好大学对不起父母的心理压力，形成不良的条件反射，使心理失衡，引起过度紧张、焦虑、烦闷、抑郁等不良情绪，导致头昏失眠、记忆力下降，萎靡不振，到考场上难以充分发挥出自己的水平。因此，家长要调整好自己的心态，对于平时能自觉学习的孩子，没有必要在考前对他们给予过分的关注和担心，以免给孩子增添过多的心理负担。只有宽松、祥和的家庭环境，才能对孩子起到积极的暗示和影响，让孩子能心情愉快地参加高考。

二、如何克服家长"高考综合征"

（一）家长对孩子要有合理的期待值

一些学生之所以出现各种心理障碍，追根溯源都与父母的高期望值有关，如父母常对孩子讲某某家的孩子考上北大、清华了。家长的用意是激励自己的孩子，却未想到自己的言行像"紧箍咒"一样戴在孩子的头上。若是考不上名牌大学，有何面目见江东父老？脱离了学生实际水平和能力，常常会造成事与愿违、适得其反的结果。父母对子女期望太高、望子成龙是造成亲子关系紧张的常见原因，因此，父母及早调整好心态及认知模式，是解决孩子的心理障碍的关键。

（二）家长应先消除自卑感

有些家长总是抱怨自己的孩子不争气，常在邻里之间和外人面前说自己的孩子不如谁家的孩子，学习不努力，这样会使孩子在心里产生挫败感——尚未出手已被灭了几分志气和威风。这种"唱低调"的做法看似谦虚，实是自卑的表现，会传染给孩子，使其心理蒙上阴影。一旦在模拟考试中的成绩不理想，便会使孩子产生自卑感，失去取得成功的信心。家长的自卑还容易使学生陷入宿命的误区，认为自己读不读大学靠命运来决定，自己陷入无所作为的误区。作为家长要帮助孩子保持清晰的头脑，虽不能好高骛远，但也不要低估自己的能力，任何时间都不要打击孩子的自尊心，要保护孩子的自信心。因为没有自信心的人很难有上进心。没有自信心，就不可能有兴趣从事艰苦的学习活动。自信心不足的孩子，在学习遇到困难时就会打退堂鼓。

（三）家长要克服对成绩的过度关注

有些家长只重视孩子每次考试的成绩，孩子得了高分就喜上眉梢，得低分就怒气横生，惩罚或指责毫不留情。家长情绪化的态度，对孩子的心理稳定极为有害。有些家长过于重视和强调学习的时间，对孩子的休息、睡眠、运动等则无暇顾及。殊不知，劳逸结合、张弛有度才有利于大脑充分发挥功能，而一味地苦读则会使大脑兴奋与抑制的生物节律失调，产生自我抑制而影响学习。

家长高考综合征和学生高考综合征互相依托，甚至可能造成恶性循环，如果不及时调整，最终会导致孩子高考失败。

（四）实施三步曲，坚持四个原则

传统的爱是给予，如"我给予你那么多物质上的关心"，而现代教育的爱是两个方面：一是传统的爱：给予。二是现代的爱：尊重。尊重人格，尊重需要，体谅孩子的处境，这样才会建立良好的亲子关系，没有良好的亲子关系，根本谈不上教育，家长与孩子的关系，更多时候取决于家长的态度。随着孩子年龄的增长，有很多家长反映孩子不愿多跟自己交流，也不太理解家长的良苦用心。在此，建议您尝试实施三步曲，坚持四个原则。

1. 三步曲

（1）沟通。沟通就是交心谈心。孩子在学习中会遇到很多困难，他们需要倾诉，需要体谅，因此家长应多与孩子进行沟通，了解孩子的心理困境，帮助他们释放压力，使孩子得以放松。

（2）协助制定合理目标。对孩子的目标要合理，不能过高，也不能太低。

（3）激励。每位家长其实都是优秀的催眠师。孩子行为中有好有坏，你强化到哪个部分，哪个部分就会保持。所以孩子需要激励，孩子的优点是越鼓励越多，缺点是越说越多。有些家长有意无意贬低孩子，这不仅破坏亲子关系，更会损害孩子的自尊心，增添心理压力。

2. 四个原则

（1）真诚原则。诚心诚意地对待孩子。

（2）理解原则。理解他的心情，理解他的处境。

（3）整体原则。家长、老师、孩子要配合，互相促进。

（4）差异性原则。不同的性格，不同的表现，不同的成绩，要求不一样，不能用同一个标准要求孩子。

接下来我们谈谈孩子常见问题和调节方法。

三、孩子成绩下降的几种原因

（一）厌学心理

这类孩子缺乏学习动机和需求，无明确学习目的和方向，表现为没有志向，缺乏信心，产生厌学心理。

（二）注意障碍

注意分为有意注意和无意注意。学习活动需要有意注意，分心、注意力涣散、难以集中是有意注意障碍，学习成绩不良产生注意障碍的原因有：自控不足、情绪波动。

（三）记忆疲劳

当孩子过于努力，用脑过度，由于大脑的兴奋和抑制功能失调，在大脑抑制过程中就会出现记忆疲劳现象，生理上表现为感觉迟钝、动作不协调、麻木等，心理上表现为思维迟钝、情绪波动、厌烦、倦怠、反应速度降低等。

（四）考试焦虑心理

没有焦虑的生活，并不是我们真正需要的，焦虑是对生活冷漠态度的对抗剂，是自我满足而停滞不前的预防针。心理学研究表明，学生适中的焦虑能发挥最高学习效率，在一般的情况下，焦虑情绪低的人可以在有压力时提高学习效率，焦虑程度过高的人学习效率在有压力时反而会降低。学习成绩不好与成绩良好的学生比较，表现出更高水平的焦虑。产生高焦虑的原因有：外部压力大、大脑休息不足、学习环境不适应、考试失败等。

（五）家庭原因

现在父母离异比率较高，家庭破裂对孩子伤害很大，所以已经离婚的家长，请不要在孩子面前诋毁孩子的父亲或母亲，刻意干预孩子和对方的亲近，否则会使孩子思想包袱严重，多忧寡欢，严重影响学习。

（六）社会原因

多数早恋的孩子，把时间花在谈恋爱上，也可造成学习困难；有些孩子沉溺于手机网络之中，学习成绩下降很快。

总之，孩子成绩下降的原因很复杂，一定要根据具体情况与孩子进行沟通，帮孩子调整。

四、几种不良情绪的调适方法

（一）如何消除孩子焦虑

有些孩子才刚高三就已经开始紧张，莫名其妙地提心吊胆，这就是焦虑。家长应通过谈心、谈话，改变孩子焦虑认知等，去消除孩子的紧张情绪。在此特别强调，如果发现孩子的焦虑已经影响到正常的生活学习的，或者出现反常行为，一定要及时寻求专业心理咨询或医院心理科的帮助，切不可讳疾忌医，任由其发展下去。

（二）怎样帮助孩子调节过分紧张心理

一个高三学生曾在心理求助时说："每次考试时总是没有信心，考试成绩直线下降，我非常难过。我妈说：考试时你太紧张了。现在上课提问时，生怕老师喊到我的名字。我就一个愿望，考试时千万别紧张，但考前还是紧张。"

怎么办？缓解孩子的紧张情绪，从以下几方面着手。

1. 鼓励法

对孩子踏实认真地学习过程要予以肯定，使孩子充分发现自己学习的优势，对考试产生自信，家长对孩子努力过程的鼓励和赞扬，会使孩子的情绪变得高昂，紧张心理也就容易消失。这种鼓励赞扬不一定是学习上的，生活上的小事也有可能让孩子振奋起来。切记，鼓励和赞扬一定要实事求是，不能过于夸张夸大。

2. 分散注意力法

家长陪孩子聊聊天，出去散散步，或者有意识地让孩子做些家务，如整理自己的卧室、扫地、擦桌子等。必要时也可以让孩子去找同学轻松轻松，要相信有着共同奋斗目标的同龄人在一起是会互相鼓励的。

3. 轻松法

家长可在饭桌上或孩子休息时适当安排看一些喜剧小品、相声类的娱乐节目，听听音乐，或引导孩子讲述一些他身边的愉快故事，这样整个家庭氛围就会变得轻松活跃，可以调动孩子的积极情绪，缓解心理压力。

这里需要提醒的是，无论什么方法，最重要的是家长自身不能陷入紧张的情绪中。

（三）如何防止孩子的盲目自信

有些孩子凭着自己有点"实力"，脑子还算聪明，就盲目自信，这种心理主要存在于部分尖子生中，抱这种心态容易使人自我满足，举足不前，不思进取，这可能导致高考失利。家长应该及时提醒孩子目光要放远放长，因为孩子的竞争对手不止是在我们二中，而是整个自治区乃至全国的学生。

（四）怎样帮助孩子正确地分析自己的实力

有些孩子在拟定高考目标时往往过高，当这个目标很难实现时，心理上自然而然地产生恐惧感，因而增加了心理负担，特别要教育孩子正确地进行自我分析，分析自己学习的实际情况，包括模拟考试成绩、平时学习成绩、在整个年级中的位置，以及应考的心理素质。对各科的优势客观地分析，根据这个分析，务实地定一个目标。目标建立在能力基础上，就多了一份现实，少了一份烦恼，考试就会踏实得多。也有个别孩子平时不努力，总幻想考试时会出现奇迹，更是需要家长正确引导。

（五）如何避免孩子过度自卑

往往在尖子生中，会有部分孩子患得患失，怕考试失败，他们想考全国最著名的大学，面子又输不起，其本质是自卑感在作怪。成绩好的孩子，找准目标后要轻松进考场。

还有一部分成绩较差的孩子，因为没有考上大学的希望，他们可能因此而自甘落后。但是，孩子身上总是有优点的，家长应帮助孩子看到自己的长处，家长应寻找榜样鼓励孩子，榜样可以是一些伟人年轻时的故事，也可以是你自己或者孩子身边的人。这里提醒各位家长朋友，一定要应用正向语言，如"我相信你会像他那样克服困难""我相信你今天的开始并不算晚"等，而不是指责啰嗦式的。

总之，要注意让孩子增加愉快体验，在学习生活中寻找乐趣，不要把心思全放在考试竞争当中，自己要有更多的愉快情绪体验。

平时在孩子面对困难时，家长一方面要与孩子一起客观分析面前的事实，同时又注意不让孩子陷入激动情绪，而最好以幽默态度对待，一笑了之，这可以使其本来紧张的情绪变得轻松。孩子学会以微笑对待平时的小困难，才能微笑对待高考大事。

孩子有烦闷、苦恼、痛苦，家长应鼓励孩子找机会自我宣泄。放声大哭、剧烈的体育运动等，都是调节不良心理的好办法。

（六）如何消除孩子的逆反心理

有些家庭亲子关系困难，家长和孩子格格不入，甚至孩子对家长的意见反其道而行之，家长对孩子有意见不说还好一点，家长一发表意见，孩子尖锐对立。其原因是：平常父母对孩子关心太少，管教过严，指责太多，还有可能是孩子本身瞧不起父母。对孩子的逆反心理应保持冷静，不做无谓的批评和推测，要引导而不是训导，严禁提出不合理的要求。

我们的孩子处在人生最关键的一年，希望在座的每一位家长从今天开始，能正确陪伴孩子，让孩子顺利度过高三！

"教师能力发展、教师工作评价、教师绩效考核与管理研究"课题结题报告

第一部分 立项的可行性和必要性（背景、目的）

我校始建于1945年，1994年集中办高中，是地区直属的一所自治区示范性高级中学。

集中办高中以来，在地委、行署和地区教育行政部门的正确领导和大力支持下，通过二中人的努力和拼搏，哈密老百姓的孩子考出了10个全疆文科状元，并实现了2005年、2006年、2007年全疆文科三连冠，2011年、2012年文科状元两连冠。先后有40名学生考入清华大学，50名学生考入北京大学，75名学生考入复旦大学。近三年来我校高考重点上线率达到60%左右，本科上线率一直保持在92%以上。二中也因此获得了清华、北大、复旦大学校长实名推荐资格。哈密二中作为哈密的教育品牌已进入全国百强顶尖高中行列。真可谓英才辈出，业绩卓著，让很多教育同行感受着一个教育神话的魅力。

就高中教育而言，升学率和考入名校、重点院校的学生数量应该是一个最为重要的考核指标，哈密二中这十几年，以高考为结果的教育成果已经被人们广泛肯定。因为这种肯定不仅在官方，更在老百姓的口碑和心中，这种肯定由近及远传遍新疆大地，传遍全国各个著名高校。一所学校十年间能把数百人送入国内著名大学，数千人送入国内一流大学，可见其教学能力非同一般。而教师的教学能力又是通过学校的改革创新管理来推进提高的。

学校现有60个教学班，3400多名学生。有教职工256人，他们中有荣获全国、自治区、地区各类荣誉称号的优秀教育工作者和优秀教师，还有一大批年富力强的中青年骨干教师。

学校以"博爱、砺志、育才、拓新"为校训，以"敬业、爱生、严谨、精深"为教风，以"惜时、勤奋、求实、进取"为学风。确立了"面向全体、德育为首、因材施教、发展特长"的办学思想，牢固树立"育人为本，德育为先"的教育思想。

我校从1998年开始实行"两制改革"，即用人机制和分配机制的改革，实行全员聘任、层层聘任的聘任机制和多劳多得、优劳优酬的分配机制。十几年来，学校领导班子主要成员一直没有离开二中，一开始制定的"两制改革"在二中党委的不懈努力和持之以恒中不断发展，不断完善，已初步形成了一套比较完善的教师培养模式、教师评价机制和教师绩效考核与管理制度。

实践证明，学校通过实行"两制改革"在教育教学方面取得了显著成效和辉煌业绩，二中从十几年前的一个地区一般学校发展成为今天享誉全疆、全国知名的名校。近年来区内外十余所兄弟学校到我校学习考察借鉴我校的教师培训、评价、绩效考核管理制度，因此我校在本课题的研究中应该是起步较早，走在前列，区内外许多学校对此课题的研究还在探索之中。

通过对此课题的研究，我们将进一步完善我校的教师能力培养模式、教师工作评价机制、教师绩效考核与管理办法，并进一步将我们的研究成果推而广之，完善自我，同时带动全区各学校在教师培养能力发展、考核与管理方面更进一步，真正体现学校"用好的政策引导人，用好的机制使用人，凭工作实绩奖励人，靠思想政治工作关心人"的管理模式。

学校通过完善管理制度，形成特色管理文化，实现提高办学质量、留住优秀教师、让学生成才和教师成名的多赢目标，向着二中"地区领先，全疆一流，国内知名"的办学目标而努力。

第二部分 研究内容及方法

第一节 教师能力发展

一、加强教师队伍建设，在提高教学质量中增强教师能力发展

教者师为先，师者校之魂，只有高素质的教师队伍才能培养出高素质的学生。学校的发展与教师的发展相辅相成，只有一流的教师才能有一流的学校，一流的学校又给教师发展提供更为广阔的舞台。教师的发展经历：入门期→成长期→发展期→名优期；学校的发展同样也经历：探索期→传承期→发展期→创新期。

多年来，哈密二中把建设一支年龄合理、结构优化、素质较高的教师队伍，造就一大批能担负起实施素质教育的名师作为一项重要工作来抓，牢固树立"教师发展学校，学校发展教师，在发展中共赢"的理念，提出教师队伍建设的策略，即政治铸师魂，学习促师业，制度立师纪，规范树师表，教育塑师德。具体做法如下。

1. 抓教师的政治素质

通过学习不断增强教师的政治意识、阵地意识、责任意识。

2. 抓师德师风建设

要求教师牢固树立"育人为本，德育为首"的教育理念，加强对学生的思想品德教育和身心健康教育。把激发学习动机，培养自学能力，养成良好学习、生活习惯放在教育工作的主导地位，注重学生个性发展。

3. 坚持科学发展观

科学发展观的核心是以人为本，教育怎样做到以人为本，我们认为首先要求每一个教师思想上一定要做到三个必须：

（1）学生的健康和生命是必须要得到保护的。

（2）学生的尊严和权利是必须要得到尊重的。

（3）学生的个性和差异性是必须要得到理解的。

每年以"三育人"的评选和"文明教工、文明家庭"的评选倡导教师要为人师表。

4. 抓师资培训

在师资培训方面，学校采取拜师活动、教研学习、讲评辅导、发放教材、督促自学、派出考察、汇报收获等形式开展培训。仅2009年至今，我校外派到乌鲁木齐、郑州、上海等地参加各种学习培训的教师就达200多人次。

5. 加强班主任队伍的培训学习

每年秋季开学前，由德育处组织对班主任和年轻教师进行班主任工作培训，学理论、学规章、学方法、学经验，不断提高班主任的素质和工作能力。

6. 学校坚持每年举办一次教育教学研讨会

学校每年都会举办教育教学研讨会，现已举办15届，学校采取政策引导，落实以研促教的新思路，有效激发了教师教改的热情。

7. 在教师队伍建设中实施"三大工程"

"三大工程"即"基础工程""青蓝工程""名师工程"，使老中青各层次教师都得到有效的专业发展，为学校全面、协调、可持续发展奠定坚实基础。

"基础工程"就是要求全体教师都要重视打基础、练内功，青年教师要尽快站稳讲台、站好讲台，中老年教师要精益求精、追求卓越。

"青蓝工程"是学校培养青年教师的一条有效途径，学校重视青年教师培养，优化教师队伍素质。教育的发展关键在于教师，教师成长的关键在于教师的培养。通过建立师徒结对制度、以老带新培养青年教师，学校每年都举行青年教师座谈会，评选优秀师徒。

例如，我校教师朱建萍以出色的教育教学成绩赢得了广大师生的尊敬和爱戴的同时，不仅以身作则，注重自身提高，更重视调动其他教师的工作积极性，树立合作意识，讲究团队精神，为了年轻教师的成长，她甘为人梯。她不断地总结教学经验，并把这些成果与同行们一起分享，避免他们在教学中走弯路，帮他们解决教育教学工作中的困难，1999—2011年她承担青年教师的培养工作，先后指导张秀萍、边宏文、岳新梅、汪萍、吴文婷、赵红梅、石敦、田万宏、冉彦9位青年教师的教育教学工作，她耐心地指导他们如何精心备课、突破重点和难点，如何加强对学生的引导教育，不管工作有多忙，她每周都坚持听这些青年教师讲课，指出他们的不足，肯定他们的成绩，发现他们工作中存在的问题，认真指导他们学会正确地处理各种问题。

一次，一位青年教师在课堂上提问学生，不会的就让站起来，一下站起来十几个学生，闹得学生跟她很对立。朱老师看到后，下课立刻找到这位青年教师，与她谈心，帮她分析问题的根源所在，让她认识到自己的错误，并且设置了几种解决的办法，最后这位青年教师被朱老师的真诚打动了。对青年教师的培养，她尽心尽力，在2006—2007学年上学期学校首次评选优秀师徒活动中，朱建萍老师被评为优秀师傅，边宏文、岳新梅、汪萍、赵红梅、石敦等青年教师的教育教学工作也得到了学校的充分肯定。2008年岳新梅老师在自治区讲课比赛中获二等奖；2009年汪萍老师在自治区说课比赛中获二等奖。朱建萍老师得到了年轻教师的尊敬与感激，同时也赢得了校领导和老教师的赞誉。

学校有许许多多个像朱建萍老师这样甘为人梯、提携后者的优秀老教师，也正是有这样一批老教师带领，学校的教师队伍才得以迅速成长，年轻教师才能够很快成长为学校的教学骨干。

青年教师是学校的主力军，学校充分尊重、理解、关心、信任每一位青年教师。在政治上多关心，在生活上多关怀，在工作中多为他们提供机遇。学校坚持以榜样引导为导向，通过拜师活动、新老教师恳谈、与优秀教师做比较、听先进事迹介绍等方法激励青年教师敬业乐业；建立传、帮、带制度，使年轻教师深切感受到自身业务提高的重要性、迫切性，也进一步促进了青年教师尽快提高业务水平的主动性；对取得"教坛新秀""十佳青年教师"称号的青年教师学校敢压重担，让他们在重要岗位上得到锻炼，尽快成才。我校青年教师的进步与成长已经成为学校教育教学质量提升的一大亮点。

"名师工程"是学校教师队伍建设的重要举措，实行名师评选和校内特级教师评选制度，在为他们提供经费保证的同时，也对他们的工作做出了定时、定量、定质的规定。同时为发挥名师、校内特级教师的作用，每学期开办名师观摩课，充分发挥名师示范效应。学校鼓励教师要有成名成家的意识，激励优秀人才脱颖而出，学校鼓励教师要争当二中、哈密乃至全疆、全国的知名教师。"名师工程"每年组织一次评聘工作，先后评出教育专家、学科带头人、教学能手、教研标兵、德育标兵30多名，各类名师在教师群体中树立了很好的榜样，在师德、教研、教学方面起到了较好的引领和示范作用。

在教育教学活动中，学校深入开展名师、校内特级教师、低职高聘、十佳青年教师、优秀班主任等评选表彰活动；在党员教师中重点开展好"三争三创三满意"活动（即争当爱生标兵，创模范联系点，让学生满意；争当减负增效提质能手，创造教学佳绩，让家长满意；争当敬业奉献先锋，创师德示范岗，让社会满意）；在不同年级、不同学科、不同层次中树立标杆，培养先进，涌现出了一批爱岗敬业、亲和大气、乐于奉献、追求卓越的优秀教师。

近年来，学校教师队伍建设成果卓著，教师教育教学能力得到显著发展，涌现出一批实力超群的教学新秀，成为学校持续发展、科学发展、和谐发展的不竭动力之源。

二、加强行政团队建设，在提升管理效能上增强发展执行力

加强干部队伍建设是学校管理的重要内容，干部队伍的素质决定着教师队伍的素质和学校的办学水平，决定着一所学校的目标定位、管理效能和执行力，决定着一所学校的发展速度与质量。学校不断深化干部人事制度改革和学校管理制度改革，不断拓宽选人用人渠道，2011年9月，通过学校中层干部竞争上岗，一批群众基础好、政治素质高、工作能力强的教师走上了学校中层干部岗位。为了履行自己的职责，达到学校的管理要求，全体中层干部都以学校党委领导班子为核心，紧扣学校工作思路，谋工作方法、谋工作效果、谋学校发展，增强了学校执行力，同时也提升了学校干部的管理能力。

学校的发展关键在教师，教师的素质是决定学校兴衰的根本。引领教师成长，促进教师能力发展，是学校管理的核心。

第二节　教师工作评价、教师绩效考核与管理

哈密二中集中办高中以来，学校面临着诸多方面的压力，上级领导希望学校能够在集中全地区优质高中教师资源后教育教学质量有显著提高，哈密老百姓盼望孩子不出家门就能够享受到最优质的高中教育资源，接受最好的教育，考上好的大学。当时的现状是市区高中最优秀的文科学生大多集中

在地质学校，理科学生大多集中在铁路学校，区域内兵团、石油都是独立办学，生源基本稳定在本系统，所以当时二中面临的最大困难是生源有限，优质生源就更少。如何才能吸引区域内的优质生源？学校党委会反复研究后达成共识：提高教师队伍素质，提高教学质量，用优质的教学吸引优秀的生源。如何提高教师素质和教学质量？答案只有一个：从学校管理入手进行改革。

经过校党委多次酝酿、试点、推广，逐步出台了面向全校教职工的用人机制和分配机制改革制度，实行全员聘任、层层聘任的聘任机制和多劳多得、优劳优酬的分配机制。

一个新生事物的产生总有一个逐步被人们认可和接受的过程，因此校领导在全校教职工大会上多次引导、教育教职工对学校的改革要有正确的理解和认识，改革的目的是为了学校的更好发展、教师的更快发展和学生的更高发展。教职工的渐渐接受为制度改革顺利推行奠定了良好的基础。

改革就是要打破原有的体制和机制，改革一定会面临阻力和困难，学校领导事先已充分考虑到了这些，因此在推行改革的过程中范围由局部到全体，力度由小到大。

最初的改革从学校总务后勤竞聘上岗开始，岗位与责任挂钩，结构工资与绩效挂钩。第二年聘任范围扩大到部分教师，进而实行全员聘任制。最初绩效工资的差别比较小，每一档的级差30~50元左右，最高档与最低档之间相差300~400元左右。随着学校发展和人均整体工资水平的提高，学校不断调整绩效工资级差，现在绩效工资级差已由过去的几十元调整到近200元，最高档与最低档之间相差近2000元。档级也由最初的只按职称分为初级、中级、高级3档到细化为7档，现今已增加到10档，更好地体现了多劳多得、优劳优酬的分配机制。

在此基础上，学校进一步制定出《哈密地区二中专业技术人员年度考核办法》《哈密地区二中教师及各岗位人员聘任（用）办法》《哈密地区二中高考奖励制度》《哈密地区二中校内绩效工资发放办法》和一系列学生奖励评价制度。

1. 教师的评价机制

教师的评价主要是一年一度的专业技术人员年度考核，学校通过《哈密地区二中专业技术人员年度考核办法》对每个教师进行"德、能、勤、绩"

四个方面的两级考评，即年级组考评和学校考评。按考评组成员对每个教师"德、能、勤、绩"四个方面每项的赋分，去掉两个最高分，去掉两个最低分，排出该年级组教师的分值，作为绩效工资定档的标准。

2. 教师的激励机制

为了更好地鼓励先进，留住优秀人才，学校又先后出台了《哈密地区二中"名师工程"实施办法》《哈密地区二中校内"特级教师"评选方案》。2001年后学校办学规模不断扩大，青年教师比例已过半，为了鼓励青年教师尽快提高教育教学水平，早日成为教学骨干，学校党委针对青年教师制定了《哈密地区二中低职高聘办法》《哈密地区二中"十佳青年教师"评选标准》。学校对校内特级教师、名师、低职高聘、十佳青年不但有精神鼓励，更有物质奖励。

3. 高考奖励机制

每年的高考可以说是对学校教育教学质量的一个重要检测，学校的《哈密地区二中高考奖励制度》也通过每年的教代会不断完善，奖励范围由最初只奖励当年承担高考任务的教师到现在奖励全体教职工，奖励金额也由最初的一两千元提高到现在的三四万元，对高考有突出贡献的班主任和教师还会分别给予重奖。

4. 创新班主任工作机制

从2007年起学校还不断创新班主任管理工作机制，加强班主任队伍建设，改善班主任待遇，制定符合学校实际的班主任考核制度和班主任津贴发放制度，将班主任津贴与带班年限、考评奖励、学生人数、学生质量、管理难度等因素挂钩，极大调动了教师们承担班主任工作的积极性和主动性。

近几年，随着办学规模的扩大，管理岗位和人员的增多，学校党委还制定了中层干部竞聘上岗、考核机制，真正把有能力、群众认可的优秀教师选拔到学校管理队伍中来。

制度本身是冷冰冰的，但二中领导在具体操作中尽可能地体现以人为本的精神，比如，刚参加工作的青年教师有学校安排的老教师做师傅，从教育教学管理方面给予悉心指导，使青年教师能尽快成长。又如，学校的绩效工资发放由最初的绩效工资与后一半工作量挂钩调整为按照承担工作量的比例发放绩效工资，大大缩小了因工作量不满而扣发的比例。再如，学校近期又调整了《请假与扣发绩效工资的办法》，对婚假、丧假、病假、事假等做出了新规定，体现了学校对教职工的关心，也彰显了制度的人性化。

学校十几年来在发展中改革，在改革中完善。让制度建设成为学校管理的抓手，极大地调动了教职工的工作积极性，提高了广大教职工的责任意识，培养了二中人的奉献精神。

第三部分　本课题研究的主要思路和重要观点

本课题研究的主要思路：立足学校管理，通过我校十几年管理制度的制定、修改、完善过程，带给其他学校一些启发，一些思路，一些可以借鉴的方法。

重要观点：①学校的发展关键在教师，教师的素质是决定学校兴衰的根本。引领教师成长，促进教师发展，是学校管理的核心。②学校的发展与教师的发展相辅相成，只有一流的教师才有一流的学校，一流的学校又给教师发展提供更为广阔的舞台。教师的发展经历：入门期→成长期→发展期→名优期；学校的发展同样也经历：探索期→传承期→发展期→创新期。③对于处于不同发展时期的教师，要有不同的针对性激励手段和措施，既要保护优秀老教师的工作激情，也要发掘中年教师的创新精神，更要激发青年教师的发展热情。④学校管理必须打破"干多干少一个样，干好干坏一个样"的"大锅饭"模式，推行用人机制和分配机制的改革，实行竞聘上岗，双向选择，多劳多得，优劳优酬的管理制度。

第四部分　关于教师发展与学校管理中出现的若干问题的对策与建议

一、如何鼓励优秀老教师在教学上勇挑重担

1. 面临的问题

学校存在一部分优秀老教师在评上高级职称后工作积极性不高了，班主任不愿当了，教学重担不愿挑了，有船到码头车到站的想法等问题。而这

些优秀的老教师不论是在教学上还是在班级管理上都是学校的中流砥柱，如果这些人的积极作用不能很好发挥，不仅影响学校的教育教学质量，还会在教师中产生互相攀比的消极心理。如何解决这些问题？如何让优秀的老教师能始终在教学和班级管理一线发挥引领和带动作用？如何在学校树立勇挑重担、愿挑重担、能挑重担的先进典型？

2. 对策和建议

时代呼唤名师，名师支撑名校，培育名师，创建名校是地区各族人民对我校的殷切期望。为培养和造就一批我校教育、教学、教研的优秀代表，树立教书育人的典型，形成名师辈出的局面，学校首先出台了《哈密地区二中"名师工程"实施办法》。名师称号有德育标兵、教学能手、教研标兵、学科带头人、教育专家。通过个人自荐、部门提名等方式每年评选一次，一次不超过3人。每学年在评选中将在学生管理及学生思想教育方面堪称师德楷模的优秀年级主任、优秀班主任命名为德育标兵；将教学能力强、教学效果突出、深受学生欢迎、在高考中成绩在地区及校内遥遥领先的教师评为教学能手；将具有较高的教育理论水平和科研能力的教师评为教研标兵；将常年坚持在教育教学第一线，为我校教育事业发展做出突出贡献，在社会上享有较高声望的教师命名为教育专家。名师称号有效期两年，不连评连任，每月补贴260元。

学校名师朱建萍1987年参加工作，连续多年担任文科实验班政治教师。朱老师专业知识扎实，工作敬业奉献，教学带班管理深受学生喜爱，家长认可，从工作至今培养出了1997年自治区文科状元张海燕，2003年自治区文科状元孙建云，2007年自治区文科汉语言状元周希，2011年自治区文科状元牛婷丽、榜眼范雯琪，2014年自治区文科状元马婵、榜眼王梓晗。在我校近年来考取的10个自治区文科状元中，朱建萍老师就教过8个文科状元，这样的业绩怎能不让人惊叹？这其中包含着朱建萍老师的心血和付出，也是学校推行名师工程的成果。

如今朱建萍老师已从一个普通的教师成长为学校名师、学校特级教师、地区名师、学校中层管理人员，在担任11届年级主任时，朱主任带领年级教师共同努力，发扬吃苦奉献、拼搏进取的精神，当年高考夺得了自治区文科状元、榜眼，理科探花，考取了6个清华、3个北大、5个复旦的辉煌成绩。今年朱建萍主任带领的14届学生在高考中又夺得了自治区文科状元、榜眼，考取了4个清华、6个北大、8个复旦，重点上线率、本科上线率都在刷新，又一次给哈密人民交上了一份优异的答卷。

这辉煌成绩的背后凝聚着全体二中的心血，也凝聚着年级主任朱建萍老师创造性的劳动。2010～2011学年，朱建萍老师因工作成绩突出被评为优秀年级主任，2014年又荣获自治区第十批有突出贡献的专家称号。

"名师工程"实施已有十多年，因为不能连评连任，两年有效期一满，这些老教师的工作动力又没有了。怎么办？学校党委根据学校存在的实际问题继续研究激励办法，近年来学校新出台了《哈密地区二中校内"特级教师"评选方案》。校内"特级教师"的评选条件首先是高级教师、学校名师，每两年评选一次，有效期两年，每月300元津贴。

学校为调动老教师的工作积极性，鼓励优秀老教师勇挑重担，强化教师队伍建设，通过一系列校内激励机制和分配机制产生了积极作用，更好地留住人才，使用人才，鼓励教师在教学上出成绩的同时也在教研上出成果。

2005年常玉国老师从石油高中调入我校，常玉国老师的教学成绩很快在这个优秀教师众多的群体中脱颖而出，优秀生聚集的哈密二中更让常老师得心应手，研究多年的教研成果在这里又一次派上了大用场："四位一体语法学习法""四符号课文预习法""问题反哺法""体验感悟法"等方法的引入使他的课堂充满了趣味，而他精心总结撰写的许多具体经验、学习诀窍更使学生感觉事半功倍、印象至深……正因为如此，他所教授的班级教学成绩总是名列前茅，竞赛成绩也次次遥遥领先。

随着教学经验的增加与研究水平的提升，常玉国老师把更多的目光转向了专门课题的研究，近些年先后进行了"初高中英语奥赛研究""初高中课程衔接研究""高考英语阅读技巧研究""初高中写作训练与突破研究""新课标教材辅助学习研究"等一系列研究活动，并以专著的形式出版了相关研究成果，部分著作出版后一版再版，发行甚广。

2008年4月，从哈密地委宣传部传来消息：常玉国老师呈报的科研成果《初高中英语奥赛一本全》荣获"哈密地区第二届社科研究成果"优秀奖，这是地区范围内基础教育系统唯一获奖成果，他又一次以自己的努力探索为学校赢得了荣誉，也弥补了中小学教育在这个奖项评选中的空白。

近日，常玉国老师又接到了山西出版集团山西经济出版社的邀约，要他主编完成一套高中英语写作训练丛书……

在不久前举行的哈密地区二中教育教学研讨年会上，常玉国老师应邀作了"做研究型教师，让教与学的生命得以升华"的主题发言，博得了大家的一致好评。会后，有位老教师动情地说："你讲得真好！对我们大家，特别是对年轻人都是巨大的激发与启迪。"

近十年中，常玉国老师参与主持了7项国家级、教师培训中心及地区二中校级课题研究，已有多项获结题成果；共撰写了约200万字的教学论文，在省级以上刊物发表或获地、省、国家级奖励近50篇，主编（合著）并正式出版专业书籍20本，被4家刊物聘为兼职编辑、特约通讯员或作者及版面主持人。

因为教育教学，特别是在教研方面成绩突出，效果显著，常玉国老师2009年被评为自治区级特级教师，2013年荣获"天山英才"称号并获得每年3万元的专项培养研究资金。

哈密地区二中需要名师，打造名师，更出产名师。

二、如何激励教师承担班主任工作

1. 面临的问题

在班主任队伍建设上我校也和其他学校一样，遇到了同样的问题：

（1）优秀的老班主任，特别是高级教师大多不愿继续承担班主任工作，这样就会造成班主任队伍老中青比例失衡，年轻的班主任太多，缺少管理班级的经验和在学生中的影响力，造成班主任队伍过分年轻化，影响到学校德育工作的成效和德育队伍的建设。

（2）因为班主任工作量大、责任大、负担重、事务杂，身心劳累，待遇不高，自愿承担班主任工作的教师很少。每学期开学前在班主任的聘任上学校工作难做，班主任队伍的整体水平参差不齐，难免有不能胜任的班主任，造成班级管理混乱，学生家长意见大，影响了学校正常的教育教学工作。

2. 对策与建议

学校为解决问题不断建立和创新班主任工作机制，赋予班主任选择聘任教师的权利，健全德育管理制度，保障德育经费，提高班主任待遇。

（1）建立和创新班主任工作机制，将承担班主任工作作为年终考核、评优选先、职称晋升、干部选拔的必要条件之一。

学校在年终考核办法中增加班主任管理分值，加大对班主任的倾斜力度，使承担班主任工作的教师和不承担班主任工作的教师在考核上有区别，考核结果排名在全校教师前列的多数是承担班主任工作的优秀教师；评优选先、绩效工资定档以考核分为标准，体现承担班主任工作和不承担班主任工作的差别。提高教师晋升职称、干部竞聘的门槛（必须有当班主任经历）；在晋升职称、中层干部选拔的条件中把承担两年以上班主任工作作为必要条件，实行一票否决。

在学校的层层聘任中赋予班主任选择聘任本班任课教师的权利，班主任可以在年级教师中按照双向选择的原则聘任任课教师，学校因此出台了《哈密地区二中教师聘任办法》。

这些制度的出台极大地调动了教师承担班主任工作的积极性和主动性。像我校的吉蕴老师、马雪梅老师、马秀华老师、梅红老师、陶艳芬老师等优秀班主任几十年如一日坚守在班主任岗位上，直到退休。有的班主任到了法定退休年龄因学校工作需要仍然为学校分忧解难，有的优秀班主任到了法定退休年龄，学生家长联名给领导写信希望能延迟退休，继续担任班主任工作。在良好的机制下，我校班主任队伍稳定，班务工作扎实有效，班主任爱生奉献，深得学生家长好评，为学校和谐发展做出了突出贡献。

牛红霞是我校的一名英语教师，多年来一直担任班主任工作。牛红霞老师信奉人生的价值不在索取，而在真情奉献。从教26年的她始终保持着积极向上的心态，用全部的激情和智慧，脚踏实地的履行着教师职责。她始终坚持默默耕耘，潜心研究，逐步形成民主、平等、扎实、朴实的教学风格。"做教书育人事业中有爱心、有智慧、有见识、睿智的教师"是她追求的目标。正是因为对教育事业的耿耿丹心，默默奉献，不断将人生的砝码投向自己所钟爱的教育教学工作，在26年的执着、坚守、顽强和拼搏下，她在教育教学上取得了辉煌的业绩，多次被评为先进个人并获得各种荣誉称号：多次被哈密地区二中评为优秀班主任；2007年被评为哈密地区百位名师之一；曾获得哈密地区二中"教学能手"称号；辅导学生连续多次获得全国中学生英语能力竞赛一、二、三等奖。

在从教的26年中，牛红霞所教的班先后有30多人考入清华、北大、复旦等名校。作为班主任，她更是呕心沥血，废寝忘食，把全部心血用在班级的管理及教学中，特别是在2012年的高考中成绩更加辉煌，所带的理科班有6人考入清华，2人考入北大，1人考入复旦。在2014年的高考中，再次取得优异成绩，学生马婵夺得自治区文科状元，王梓涵夺得自治区文科第二名，所带文科班有4人考入北大，2人考入清华，3人考入复旦。牛红霞老师以她的实际行动践行了她的理想追求，赢得了同行、社会、家长的认同和赞许。

牛红霞老师始终严格要求自己，无论是在生活、工作、学习还是做人，无论在校内还是在校外，无论是在课堂还是在课外，无论是言谈还是举止，她都以自己的良好行为和人格魅力影响着学生，感化着学生，始终做到在做人上真诚、坦率、清廉、正直，在工作上敬业、勤奋、求是、创新，在生活上关心、关爱、帮助学生。在日常的学习生活中，她经常结合社会现实给学生谈人生、谈理想，教会学生怎样处事，怎样做人，教育学生树立正确的人生观和价值观，刻苦学习，成为国家有用的栋梁之材。

（2）制定一整套班主任考核制度和班主任津贴发放制度，提高班主任待遇。我校的《哈密地区二中班主任津贴发放办法》多年前已在全地区推广，将班主任津贴和学生人数、学生质量、住校生人数、承担班主任工作年限、完成班主任工作质量挂钩，对连续承担班主任工作的，每担任一学年班主任工作，班主任津贴每月增加30元，获得一次优秀班主任每月增加15元。通过工作机制的创新，现在主动要求承担班主任工作的教师很多，甚至很多临近退休的老教师还愿意继续当班主任。

（3）学校德育经费专项比例占学校事业费总额不低于2%。为了能够满足开展德育常规活动、助学金发放及奖励等所需费用，近三年学校在这一项上就支出了443 612元；为保障德育骨干培训提高和考察交流，学校三年来保障了必需的经费，支出达194 292元；各种德育工作表彰奖励活动所用经费达615 153.1元。

三、如何鼓励青年教师快成长、早成熟、挑重担

1. 面临的问题

学校的发展中，青年教师是主力军，青年教师有工作热情，有工作精力，有发展潜力，他们是学校的明天和希望，但是学校领导在管理中发现，学校的考核和奖励制度更多地针对优秀的老教师，至少是具有高级职称的教师，这样青年教师的积极性没有得到很好的调动，影响了青年教师的成长、成才、成名。而我校35岁以下青年教师有133人，占全校专职教师人数的近

60%，这样庞大的一支队伍在学校承担着一多半教学任务，只有青年教师快成长、早成熟，学校才能后继有人，学校的发展才有不竭的动力。

2. 对策与建议

为健全学校的表彰奖励制度（以前制定的制度多数针对的是高级教师），进一步加强教师队伍建设，鼓励青年教师更快更好地成才，学校针对初、中级青年教师制定了《哈密地区二中"低职高聘"奖励制度》和《哈密地区二中"十佳青年教师"评选标准》。

《哈密地区二中"低职高聘"奖励制度》规定：初、中级教师能严格遵守教师职业道德，学生评价较好，学年教学成绩在同学科教师中至少有一个班高出平均分3分以上，所带其他班级成绩均为正值，可"低职高聘"，即初级教师享受中级教师待遇，中级教师享受高级教师待遇，每月补贴200元，有效期一年，每年一评。

《哈密地区二中"十佳青年教师"评选标准》规定：年龄35周岁以下，为人师表，有两年以上班主任工作经历，所带班级班风好，学风正；教学能力强，教学效果突出的青年教师可获得"十佳青年教师"称号，任期两年，每月补贴200元，两年评选一次，可连评连任。

凡是获得"低职高聘"和"十佳青年教师"荣誉称号的教师在年度考核、评优晋级、福利分房时均可加分，享有优先权。

《哈密地区二中"低职高聘"奖励制度》和《哈密地区二中"十佳青年教师"评选标准》制度的出台极大地调动了青年教师勤学上进，努力工作，钻研教材，提高教学质量的积极性和主动性，加快了青年教师成长的速度。近几年，学校涌现出了一批教学成绩优异、班级管理突出的青年教师，像邢燕子、冶咏梅、李霞、吴小军、骆永清、甘志喜、来晓颖、王银、李超峰、孙金洲、高东军等十佳青年教师现在已挑起了学校教育教学工作的重担，成长为学校教育教学的中流砥柱，为学校长期发展注入了动力，同时也成为其他青年教师的榜样，起着正能量的作用。

四、如何体现考核的公平公正性

1. 面临的问题

学校每年的各类奖励都要参考学年考核分，这个分数体现了教师一年的工作业绩，决定教师的绩效奖励，影响教师的评优选先、晋升职称。全校250多位教师对考核分相当关注，如何能更公正、更客观地量化出每一个教师的工作情况，让干活的人不吃亏，让活干得好的人无怨气，充分保护教师工作的积极性，这个问题不可回避地摆在了学校领导面前。

2. 对策与建议

学校首先经过多次会议制定了《哈密地区二中专业技术人员年度考核办法》，并经学校教代会研究通过。《哈密地区二中专业技术人员年度考核办法》从德、能、勤、绩四方面对教师进行考核，分值分别为：14、16、15、55分，由年级考评和学校考评两部分组成。

年级考评分数共计65分，由各年级选出的学科教师代表组成年级考评小组，年级考评小组对年级每位教师从德、能、绩三方面进行考评赋分，每个年级有9个评委，去掉2个最高分和2个最低分后，计算得出每位教师的平均分，学校在此基础上对3个年级进行总体平衡。

学校考评分数共计35分，分别是：工作量10分（教务处计算）、工作纪律5分（办公室计算）、学生评价10分（教务处计算）、教研成绩10分（教研室计算）。

每位教师的当年考核成绩是由学校平衡后的年级考评分数+学校考评分数合计而得，学校考核领导小组根据当年的排序情况和评优比例自高而低确定获得地区考评优秀和学校优秀人员名单。

每年的考核定档工作是根据近两年的考核分数（分别按50%和50%计算）排序，每25人为一个档，符合晋升条件的一般只调一个档（特殊情况例外）。

这个考核办法减少了人为因素，倡导公平竞争，增强了透明度，实行多年来，通过教代会不断完善，也得到了教职工的普遍认可。

第五部分 社会效益及经济效益分析

十几年来，学校推行的"两制改革"不但在校内产生了良好的效果，促进了学校和教师的共同发展，而且带来了意想不到的社会效益。

第一，使哈密老百姓对政府办学增加了一份信任和满意。

第二，让哈密区域内的老百姓子女不出哈密就能够享受到最优质的教育资源。

第三，因为解决了子女上学问题，稳定了干部队伍，留住了地区各级各类人才。

第四，减轻了贫困家庭优秀子女外出求学的负担，解决了老百姓的民生问题。

第五，近十几年，二中为全国各级各类高校输送了众多人才，其中有40人考入清华，50人考入北大，75人考入复旦，重点上线率达到了60%左右，使哈密众多的孩子享受到了更好的高等教育，成为国家的栋梁，为社会服务。

第六，随着学校办学质量的不断提高，考取名校的学生数量的逐年增加，学校也越来越受到全国知名高校的关注，2011年4月25日清华大学百年校庆在人民大会堂举行，胡锦涛、温家宝等领导人出席，朱镕基回母校看望，我校朱校长作为新疆唯一一个地州学校校长参加了庆典；2012年中国人民大学75周年校庆，邀请全国103所学校校长参加庆典，新疆只有我校和乌鲁木齐市一中校长受邀参加。

今年清华大学首次给予我校校长推荐优秀学生上清华的资格，也就是清华大学的"领军计划"（全疆只有乌鲁木齐一中、兵团二中和哈密二中三所学校）；复旦大学给全疆10个"腾飞计划"名额，其中我校有两名学生获得推荐名额，复旦大学还给我校一名"望道计划"推荐名额。清华大学、北京大学、复旦大学、人大、浙大、南大、中科大、对外经贸大学等几十所国内一流高校均给予我校自主招生校荐名额。今年我校又获得"北京大学2015年校长实名推荐资格"。

第七，从2012年开始，我校和陕西师范大学签订合约，将我校作为陕西师范大学免费师范生实习基地，一方面为高校解决了毕业生实习困难，另一方面也为我校考察选拔教师提供了平台。

第六部分　本课题完成情况

（1）通过本课题的实施和研究，比较清晰地梳理了哈密地区二中近十几年的发展脉络，认真地反思了学校发展历程中在教师管理和发展方面所做的工作，以及取得的效益。

（2）编纂并完善了《哈密地区二中教师发展、评价、考核及管理制度汇编》，从而也为下一步的规范性发展及可持续性发展提供了良好的资料储备。该汇编包括《哈密地区二中专业技术人员年度考核办法》《哈密地区二中教师及各岗位人员聘任（用）办法》《哈密地区二中高考奖励制度》《哈密地区二中校内绩效工资发放办法》《哈密地区二中"名师工程"实施办法》《哈密地区二中校内"特级教师"评选方案》《哈密地区二中"低职高聘"办法》《哈密地区二中"十佳青年教师"评选标准》《哈密地区二中教师聘任办法》《哈密地区二中班主任津贴发放办法》《哈密地区二中关于鼓励教师出版教育教学类专著的办法》《哈密地区二中科级干部选拔任用办法》《哈密地区二中教师职称晋升计分办法》，共计13项。

（3）在本课题实施过程中，课题组查阅了大量学校发展史料，走访了不少教师，包括离退休教师，听取了他们对学校发展与教师自身发展方面的观点和意见，形成了以《教师发展学校，学校发展教师，在发展中共赢》为主题的结题报告。

参考文献

［1］袁梦.专家型教师的成长之路［M］.长春：吉林大学出版社，2008.

［2］刘彭芝教育思想研究课题组.刘彭芝教育思想与实践［M］.北京：中国人民大学出版社，2010.

"普通高中学生厌学的心理成因及对策研究"课题结题报告

　　"普通高中学生厌学的心理成因及对策研究"是我校于2007年7月向自治区教科所申报的自治区级教研课题，于2007年11月1日获得批准，批准文号为070145。

　　课题实施的起止时间为2007年8月—2009年8月。经过两年的努力和实践，我们取得了一些成果。现将课题实施情况做如下总结。

第一部分　课题研究的基本情况

1. 本课题选题的意义

　　来自我国某城市的调查数据显示，目前中小学厌学率达到30%，而实际情况比此数据还要严重。

　　中国心理卫生协会儿童心理卫生专业委员会以课题组对某两所中学的调查显示，59.3%学生有厌学情绪。

　　华东师范大学心理健康辅导中心的数字统计，受调查的80%的学生都有厌学的情绪障碍。

　　《学生心理健康辅导完全手册》指出，厌学，作为一种心理状态，不是特定学生所有的，而是所有学生在某种程度上共同潜在的问题，一旦行成厌学的客观条件并对其产生作用，便在行动中表现出来。

　　对此，我们也深有感触：我们所在的学校是一所自治区示范高中，相对生源较好，但学生厌学心理和厌学现象仍然存在，不只是学习有困难的学生有厌学心理和行为，就连一部分成绩中上的学生也存在此问题，而且已经给本人、家庭、学校带来了不同程度影响。我认为此问题已不容忽视，对此课题的研究也势在必行。再者，我校是全地区的名校，高考上线率达99%，是全地区教育行业的一面旗帜，我们学校存在的学生厌学问题在其他学校也一定会存在，而且情况会更加严重。我们的研究可以立足我校，辐射全地区兄弟学校，并且将来可以用我们的研究成果指导全地区的教育教学工作，为解决学生厌学心理和厌学现象做出我们的努力。这也是我们做此项研究的意义所在。

2. 本课题研究的主要内容

学生厌学主要表现在知识障碍和人际关系障碍，这会成为影响学生健康成长的主要因素。当前厌学不仅常发生在学习跟不上的学生身上，有很多成绩不错的学生也厌学。

素质教育、新课程改革为学校的教育工作提出了一个问题，即如何在实施素质教育中关注与培养学生的积极健康的心理。中学生正处在心智成长阶段，理当全身心投入学习，但是客观现实却不容乐观。在高中，厌学现象普遍存在，有的学生甚至辍学，过早地流向社会，进而产生多种社会问题。面对厌学现象，教育行政部门、学校、老师和家长均采取了许多措施，诸如加强德育工作；开展正确人生观、价值观、理想教育；减轻课业负担；加强娱乐场所管理等，但收效并不显著。这就需要我们对厌学现象产生的原因进行深入的分析。学生的厌学，有客观原因，也有其内在的心理原因。

客观原因涉及考试制度、教育观念、教育体制、教育内容、课程设置、教学目标、方法、评估、教师的亲和力等，还有家庭教育环境、社会教育环境、社会大环境等诸多消极影响，而其内在因素还是学生心理因素。而这种心理现象的产生往往是学生在成长中的一些相关原因造成的。因此只有对学生产生厌学心理的原因进行深入细致的研究分析之后，才可能使我们清楚地认识，找到解决学生厌学心理的对策，解决问题。

同时，我们对课题进行了分解，分解成四个子课题：

（1）学生非智力因素对学生厌学心理产生影响的分析与对策。

（2）师生关系及教学方法对学生厌学心理产生影响的分析与对策。

——以真情动人，句句传馨

（3）亲子关系及家庭教育方式对学生厌学心理产生影响的分析与对策。

（4）社会环境、大众传媒等对学生厌学心理产生影响的分析与对策。

我校有59个教学班，在校学生3500人，教职工200多人，在课题的实施中我们重点解决由非智力因素造成的厌学情绪。

3.本课题研究的具体方法

（1）文献研究法。收集与本课题相关的理论资料，通过学习提高理论水平，并与实践相结合。

（2）调查研究法。包括问卷调查，座谈等形式，查找高中生厌学心理产生的原因、类别，进行有的放矢的研究实践。

（3）经验总结法。依据最前沿的研究理论，对研究过程中的经验、体会，形成研究报告、论文。

（4）实践验证法。通过行为跟踪、案例讨论、具体操作等形式分析研究带来的效果。

4.本课题的研究价值

本课题的研究是为了解决高中生的厌学心理，这是我们教育成败的关键，我们的研究要从学生的非智力因素进行，这是创新和尝试，我们愿为此做出努力和奋斗。

在学生厌学心理产生原因的调查中我们除了关注学生内因还关注外因。例如，学校教育的误区；长期以来应试教育的影响；学校用分数评价教师的水平和能力，教师用分数来评价学生，更有甚者把分数作为衡量学生好坏的唯一标准，造成德育、智育的严重分离。再如，教师的不健康心理对学生起到了潜移默化的作用，教师心态不佳、心境不良在工作中对学生缺乏情感，工作方法简单、粗暴、专制。又如，家庭教育的错位、家庭不和谐、对子女期望值过高或是溺爱、灌输"拜金主义"思想等。又如，复杂的社会环境、消极的社会问题的影响，使高中生迷茫，心理失去平衡。

5.本课题的研究基础

对此课题的研究国内外已早有认识，而且也达成了某些共识，取得了较显著的成效，可以作为我们研究的理论和实践指导。我校是一所有60多年历史的示范性高中，在教育教学上颇有成效，在培养教育学生方面成绩斐然，去年我校又获自治区德育达标学校，在对学生人生观、价值观、理想观的正确引导上有丰富经验，并且对培养学生健康向上的心理也做了大量工作。

6. 研究过程及工作安排

各阶段工作任务及分工安排表

第一阶段： 2007年8月—2007年10月	申请立项工作	课题论证报告	张冬梅
第二阶段： 2007年10月—2008年1月	撰写相应的调查问卷报告	问卷报告	全体成员
第三阶段： 2008年2月—2009年1月	研究报告会、交流会	研究报告论文	全体成员
第四阶段： 2009年2月—2009年8月	撰写总结性报告、论文	研究报告论文	张冬梅

第二部分　课题调查问卷分析报告

为了有效地实施我校承担的自治区教研课题"普通高中学生厌学的心理成因及对策研究"，使得研究的思路、方向更为明确，我们组织了针对我校不同年级、不同层次、不同科别的学生进行了问卷调查。

问卷调查分为三部分：

第一部分是基本信息，共包含"你的性别""你所在的年级""你所在的学校性质""你选择现在学校的原因"四个方面的信息。

第二部分是厌学的综合原因，共包含"你有过厌学情绪吗""你厌学情绪的具体表现""你厌学的时间有多长""你厌学的主要原因是什么"四个方面的信息。

第三部分从本课题的四个子课题进行问卷：

子课题一："非智力因素对学生厌学心理产生影响的分析与对策"包含"你厌学的非智力因素""你的学习目标""你对学习的兴趣""你的学习

毅力""你对学习专注程度"五个方面的信息。

子课题二："师生关系及教学方法对学生厌学心理产生影响的分析与对策"包含"你和老师们的关系怎样""你认为现在老师们的教学方法如何""你不喜欢现行的教育内容和课程，现在的考试制度、现在的教师的评价方式，学校的管理体制哪项"三个方面的信息。

子课题三"亲子关系及家庭教育方式对学生厌学心理产生影响的分析与对策"包含"你与父母及家庭成员的关系""你最不喜欢父母怎样做""你希望你的父母是怎样的""你希望你的父母发现你的问题后怎样做"四个方面的信息。

子课题四："社会环境、大众媒体等对学生厌学心理产生影响的分析与对策"包含"你觉得对你学习有影响的社会环境有哪些""你的成绩下降是因为什么"两个方面的信息。

为了在问卷中不使学生产生心理压力和厌倦情绪，我们将本问卷调查的题目定为"普通高中学生学习状况调查问卷表"，而不是直接写作"普通高中学生厌学心理调查问卷表"，回避了厌学心理这个学生比较敏感的话题。

参加本次问卷调查的班级共有7个班，发放问卷410份，收回有效问卷386份。问卷调查涉及高一、高二、高三3个年级，实验班、重点班、平行班不同层次班级，文科班、理科班不同科别学生，目的就是为了使问卷调查的范围更广，涉及不同年级、不同层次、不同科别的学生。

问卷收回后，分别以人工和机读方式对问卷在初步统计处理的基础上，又进行了多层次、多组别的对比分析。可以说这次问卷调查的结果从一定层面反映了我校高中学生在"非智力因素、师生关系及教学方法、亲子关系及家庭教育方式、社会环境和大众传媒"四个方面的厌学心理表现，也对我们下一步工作的进行起到了积极的促进作用。

下面对这次问卷调查中反映出的数据等进行简略分析，试图找出一些普通高中学生厌学心理的成因中规律性的东西，以便我们进一步找出应对学生厌学心理的对策，缓解学生的厌学情绪，提高学生学习的质量。

一、整体数据统计与分析

1. 参与问卷调查的学生的基本信息

问题设置表

分类	序号	问题	选项			
基本信息	1	你的性别	A. 男	B. 女		
	2	你现在所在的年级	A. 高一	B. 高二	C. 高三	
	3	你所在的学校	A. 自治区示范高中	B. 地区重点高中	C. 地区普通高中	D. 兵团重点高中
	4	你选择现在学校的原因	A. 教学质量好	B. 管理严格	C. 离家居住地近	D. 父母的决定

统计结果表

分类	序号	A	B	C	D	误差
基本信息	1	46.41%	52.58%	1.01%		
	2	28.08%	42.85%	28.05%	0.52%	0.50%
	3	76.02%	20.88%	1.28%	0.26%	1.56%
	4	85.63%	3.60%	2.04%	7.98%	0.75%

简要分析：

（1）参与问卷调查的男女生比例大体接近（另有个别学生不知何故在性别填涂上出现误差，占1.01%）。

（2）参与问卷调查的三个年级中，高二年级的学生比例稍大一些，占到42.85%，其他两个年级人数相当。

（3）所在学校应都是"自治区示范高中"，但是由于学生不清楚这一点，填涂情况较乱，此项我们在统计中可不去考虑统计结果，因为没有涉及其他学校的学生。

（4）学生选择现在学校的原因比列最大的是"教学质量好"，占85.63%。

2. 参与问卷调查的学生产生厌学心理的"综合原因"及其相关问题

问题设置表

	5	你有过厌学的情绪吗	A. 经常有	B. 阶段性有	C. 偶尔有过	D. 从没有过
综合原因	6	你厌学情绪的具体表现	A. 不想上学，是家长强迫来的	B. 上课经常睡觉	C. 作业经常不交	D. 不关心考试名次
	7	你厌学的时间有多长	A. 近期	B. 半年了	C. 一年多	D. 二年以上
	8	你厌学的主要原因是什么	A. 对学习没有兴趣	B. 不喜欢现在的老师和教学方法	C. 不能接受家长的教育方式	D. 社会上不良的传媒因素的影响（如网络）

统计结果表

分类	序号	A	B	C	D	其他
综合原因	5	5.70%	29.14%	52.61%	11.06%	1.49%
	6	11.85%	34.68%	12.66%	26.65%	14.16%
	7	62.37%	11.05%	8.02%	5.68%	12.88%
	8	36.77%	28.98%	14.39%	6.68%	13.18%

简要分析：

（1）就"你有过厌学的情绪吗？"这一问题中"阶段性有"占29.14%，"偶尔有"占52.61%，"从没有过"仅占11.06%，因此，有过厌学的心理情绪的学生还是很多的，这也是我们开展此课题的意义所在。

（2）学生厌学情绪具体集中在"上课经常睡觉"和"不关心考试名次"两个方面。

（3）由于我校是自治区示范性高中，因此学生生源在本地区相对较好，学生厌学时间不是很长，多是近期产生的。

（4）学生厌学的原因主要集中在"对学习没有兴趣"和"不喜欢现在的老师和教学方法"两个方面。

3. 参与问卷调查的学生产生厌学心理的"非智力因素"调查

问题设置表

非智力因素	9	你厌学的非智力因素	A. 学习没有目标	B. 学习缺乏兴趣	C. 学习上缺少持之以恒的精神	D. 学习不专注有分心现象
	10	你的学习目标	A. 十分明确	B. 较明确	C. 有些模糊	D. 很模糊
	11	你对学习的兴趣	A. 兴趣浓厚	B. 有一定兴趣	C. 对有些科目有兴趣	D. 没有兴趣
	12	你的学习毅力	A. 十分顽强	B. 有坚持精神	C. 偶尔懈怠	D. 经常虎头蛇尾
	13	你对学习的专注程度	A. 时时将学习放在第一位	B. 能比较用心地学习	C. 常会边学边玩	D. 心思基本不在学习上

统计结果表

分类	序号	A	B	C	D	其他
非智力因素	9	4.62%	22.31%	42.13%	18.76%	12.18%
	10	23.41%	49.43%	19.86%	5.97%	1.33%
	11	13.47%	39.19%	41.44%	4.12%	1.78%
	12	4.84%	25.71%	51.31%	16.60%	1.54%
	13	7.63%	58.64%	29.86%	3.10%	0.77%

简要分析：

（1）参与问卷调查的学生厌学的非智力因素主要是"对学习缺乏兴趣"和"学习上缺少持之以恒的精神"，而后者所占的比例更大些。

（2）参与问卷调查的学生的学习目标还是较明确，"学习目标很模糊"的学生比例较小。

（3）参与问卷调查的学生的学习兴趣多表现在对某些学科学习有兴趣。

（4）参与问卷调查的学生在学习上偶尔懈怠的比例较大。

（5）参与问卷调查的学生在学习上"能比较用心地学习"所占比例大，但也有相当比例的学生"常会边学边玩"。

4. 参与问卷调查的学生产生厌学心理的"师生关系及教学方法"方面调查

问题设置表

师生关系及教学方法	14	你和老师们的关系	A. 十分融洽	B. 比较融洽	C. 与个别老师相处得不好	D. 讨厌所有老师
	15	你认为现在老师们的教育教学方法	A. 十分民主	B. 基本还能接受	C. 不太喜欢，不太愿意接受	D. 十分反感
	16	你不喜欢	A. 现在的教育内容和课程	B. 现在的考试制度	C. 现在的教师的评价方式	D. 学校的管理体制

统计结果表

分类	序号	A	B	C	D	其他
师生关系及教学方法	14	23.46%	59.49%	13.43%	2.43%	1.19%
	15	18.05%	69.84%	8.28%	1.78%	2.05%
	16	9.49%	60.50%	16.93%	7.16%	5.92%

简要分析：

（1）绝大部分学生能与老师融洽相处，少数学生只是与个别老师相处得不好。

（2）对于现在老师们的教育教学方法90%的学生能接受。

（3）学生厌学的原因之一是不喜欢现在的考试制度。

5. 参与问卷调查的学生产生厌学心理的"亲子关系及家庭教育方式"方面调查

问题设置表

亲子关系及家庭教育方式	17	你与父母及家庭成员的关系	A. 十分和睦	B. 基本还行	C. 偶尔有矛盾	D. 常闹矛盾
	18	你最不喜欢父母	A. 天天唠叨你学习	B. 专制家长作风	C. 不关心你的生活	D. 干涉你交友的自由
	19	你希望你的父母是	A. 做你的好朋友	B. 和你有一定距离	C. 给你充分的自由	D. 能严格管理你
	20	你希望你的父母发现你的问题后	A. 和你谈论产生问题的原因及解决策略	B. 借助亲友做你的工作	C. 借助老师做你的工作	D. 让你自己反省并改过

统计结果表

分类	序号	A	B	C	D	其他
亲子关系及家庭教育方式	17	64.81%	20.22%	12.88%	1.30%	0.79%
	18	51.08%	20.20%	10.01%	12.51%	6.20%
	19	57.21%	10.30%	24.00%	6.96%	1.53%
	20	65.56%	3.59%	1.04%	26.71%	3.10%

简要分析：

（1）绝大部分学生与父母和家庭成员的关系和睦，12.88%的学生与家长偶有矛盾。

（2）不喜欢父母天天唠叨学习的学生占一半左右，其次是不喜欢父母的专制家长作风。

（3）半数以上的学生希望能和父母做朋友，而不仅仅是严格管教。

（4）有三成学生希望父母发现自己的问题后能让他自己反省并改过，6成学生希望父母能谈论出现问题的原因及解决策略。

6. 参与问卷调查的学生厌学心理的"社会环境、大众媒体"方面调查

问题设置表

	21	你觉得对你学习有影响的	A. 当前的就业压力	B. 人们对金钱的崇拜	C. 家庭经济条件不好	D. 上大学不是唯一出路
社会环境	22	你的成绩下降是因为	A. 迷恋上网络游戏	B. 与朋友交往过度	C. 业余爱好太多（如踢球、打篮球、看网络小说等）	D. 家庭环境影响

统计结果表

分类	序号	A	B	C	D	其他
社会环境	21	58.04%	11.58%	3.61%	18.48%	8.29%
	22	7.72%	16.66%	51.79%	8.20%	15.63%

简要分析：

（1）半数以上学生认为当前的就业压力大是对学习产生影响的主要原因。

（2）业余爱好太多而影响学习的学生人数占半数以上，与朋友交往过度对学习成绩影响是迷恋上网对学习成绩影响的一倍以上。

二、部分重点数据的对比与分析

（一）男女学生的趋同与差异

本次问卷共有181名男生、205名女生参加。

1. 综合原因

问题设置表

综合原因	5	你有过厌学的情绪吗	A. 经常有	B. 阶段性有	C. 偶尔有过	D. 从没有过
	6	你厌学情绪的具体表现	A. 不想上学，是家长强迫来的	B. 上课经常睡觉	C. 作业经常不交	D. 不关心考试名次
	7	你厌学的时间有多长	A. 近期	B. 半年了	C. 一年多	D. 二年以上
	8	你厌学的主要原因是什么	A. 对学习没有兴趣	B. 不喜欢现在的老师和教学方法	C. 不能接受家长的教育方式	D. 社会上不良的传媒因素的影响（如网络）

男生统计结果表

分类	序号	A	B	C	D	其他
综合原因	5	8.29%	27.62%	51.38%	11.60%	1.11%
	6	12.15%	33.70%	17.13%	22.65%	14.36%
	7	56.91%	13.26%	9.94%	8.29%	11.60%
	8	33.15%	27.62%	17.13%	8.84%	13.26%

女生统计结果表

分类	序号	A	B	C	D	其他
综合原因	5	3.41%	29.27%	55.61%	11.22%	0.49%
	6	11.22%	35.12%	8.78%	31.22%	13.66%
	7	67.80%	9.27%	5.85%	3.41%	13.66%
	8	39.51%	30.73%	12.20%	4.88%	12.68%

简要分析：

男生比女生更容易产生厌学情绪。男生比女生更不爱写作业，女生比男生不关心考试名次的比例更大。男生相对于女生厌学情绪产生得更早、时间更持久，社会上不良传媒因素对男生的影响更广些。

2. 非智力因素

问题设置表

非智力因素	9	你厌学的非智力因素	A.学习没有目标	B.学习缺乏兴趣	C.学习上缺少持之以恒的精神	D.学习不专注，有分心现象
	10	你的学习目标	A.十分明确	B.较明确	C.有些模糊	D.很模糊
	11	你对学习的兴趣	A.兴趣浓厚	B.有一定兴趣	C.对有些科目有兴趣	D.没有兴趣
	12	你的学习毅力	A.十分顽强	B.有坚持精神	C.偶尔懈怠	D.经常虎头蛇尾
	13	你对学习的专注程度	A.时时将学习放在第一位	B.能比较用心的学习	C.常会边学边玩	D.心思基本不在学习上

男生统计结果表

分类	序号	A	B	C	D	其他
非智力因素	9	4.97%	27.07%	33.15%	19.89%	14.92%
	10	23.20%	49.72%	18.23%	7.73%	1.101.66%
	11	12.15%	39.23%	41.99%	4.97%	0.00%
	12	5.52%	31.44%	47.51%	15.47%	0.00%
	13	8.84%	57.46%	29.28%	4.42%	0.00%

女生统计结果表

分类	序号	A	B	C	D	其他
非智力因素	9	4.39%	18.05%	50.73%	17.56%	9.27%
	10	24.39%	49.76%	21.46%	3.41%	0.98%
	11	15.12%	40.00%	40.98%	2.93%	0.98%
	12	4.39%	21.46%	55.61%	17.07%	1.46%
	13	6.83%	60.00%	30.24%	1.95%	0.98%

简要分析：

男生比女生更容易失去学习的兴趣，女生比男生"在学习上缺少持之以恒的精神"的比例要高得多，男生在遇到学习困难后还能继续坚持，而女生更容易选择放弃和懈怠。

3. 师生关系及教学方法

问题设置表

师生关系及教学方法	14	你和老师们的关系	A. 十分融洽	B. 比较融洽	C. 与个别老师相处得不好	D. 讨厌所有老师
	15	你认为现在老师们的教育教学方法	A. 十分民主	B. 基本还能接受	C. 不太喜欢，不太愿意接受	D. 十分反感
	16	你不喜欢	A. 现在的教育内容和课程	B. 现在的考试制度	C. 现在的教师的评价方式	D. 学校的管理体制

男生统计结果表

分类	序号	A	B	C	D	其他
师生关系及教学方法	14	26.25%	55.80%	14.92%	1.66%	1.10%
	15	16.02%	70.17%	10.50%	1.10%	2.21%
	16	8.29%	58.01%	18.78%	6.63%	8.29%

女生统计结果表

分类	序号	A	B	C	D	其他
师生关系及教学方法	14	21.46%	63.41%	11.22%	2.93%	0.98%
	15	19.51%	70.24%	6.83%	1.95%	1.465%
	16	10.73%	62.44%	15.61%	7.80%	3.41%

简要分析：

女生比男生更容易与老师建立融洽的关系，女生"与个别老师相处得不好"的比例比男生低，这说明我们学生中女生在处理师生关系方面的能力要比男生强，也更善于与教师沟通，女生比男生更在意和老师的关系并尽力维护好师生关系。男生"不喜欢，不太愿意接受"现在老师们的教育教学方法的比例高于女生，而女生不喜欢"现在的教师的评价方式"所占比例更大些。

4. 亲子关系及家庭教育方式

问题设置表

亲子关系及家庭教育方式	17	你与父母及家庭成员的关系	A. 十分和睦	B. 基本还行	C. 偶尔有矛盾	D. 常闹矛盾
	18	你最不喜欢父母	A. 天天唠叨你学习	B. 专制家长作风	C. 不关心你的生活	D. 干涉你交友的自由
	19	你希望你的父母是	A. 做你的好朋友	B. 和你有一定距离	C. 给你充分的自由	D. 能严格管理你
	20	你希望你的父母发现你的问题后	A. 和你谈论产生问题的原因及解决策略	B. 借助亲友做你的工作	C. 借助老师做你的工作	D. 让你自己反省并改过

男生统计结果表

分类	序号	A	B	C	D	其他
亲子关系及家庭教育方式	17	58.56%	24.86%	13.81%	1.10%	1.66%
	18	49.17%	22.10%	7.18%	13.26%	8.29%
	19	45.86%	12.71%	32.04%	7.18%	2.21%
	20	57.46%	2.76%	1.66%	34.81%	3.31%

女生统计表

分类	序号	A	B	C	D	其他
亲子关系及家庭教育方式	17	70.24%	16.59%	11.71%	1.46%	0.00%
	18	52.68%	18.54%	12.68%	11.71%	4.39%
	19	67.80%	7.80%	17.07%	6.83%	0.49%
	20	73.66%	3.90%	0.49%	20.00%	1.95%

简要分析：

男生与女生在与父母关系上都较融洽，没有多大差别，他们不喜欢父母"天天唠叨你的学习"和"专制家长作风"的比例相当，父母对女孩交友的自由干涉程度更深，女生在情感上更依赖父母，而男生则更渴望得到更大的自由空间，有了问题让自己来解决。

5. 社会环境、大众媒体

问题设置

社会环境	21	你觉得对你学习有影响的	A. 当前的就业压力	B. 人们对金钱的崇拜	C. 家庭经济条件不好	D. 上大学不是唯一出路
	22	你的成绩下降是因为	A. 迷恋上网络游戏	B. 与朋友交往过度	C. 业余爱好太多（如踢球、打篮球、看网络小说等）	D. 家庭环境影响

男生统计结果表

分类	序号	A	B	C	D	其他
社会环境	21	50.83%	13.81%	2.70%	20.44%	12.15%
	22	12.15%	11.60%	49.12%	8.29%	18.23%

女生统计结果表

分类	序号	A	B	C	D	其他
社会环境	21	64.39%	9.76%	4.39%	18.05%	3.41%
	22	3.90%	21.95%	54.15%	7.32%	12.68%

简要分析：

女生比男生更容易感受到当前的就业压力，男生的上网比例远远高于女生，对学习的影响也更大，女生在与朋友交往方面花费精力比男生多，对于学习影响也更大。

（二）不同年级学生的趋同差异

本次问卷调查涉及三个年级，其中高一年级116人，高二年级165人，高三年级109人。

1. 综合原因

问题设置表

综合原因	5	你有过厌学的情绪吗	A. 经常有	B. 阶段性有	C. 偶尔有过	D. 从没有过
	6	你厌学情绪的具体表现	A. 不想上学，是家长强迫来的	B. 上课经常睡觉	C. 作业经常不交	D. 不关心考试名次
	7	你厌学的时间有多长	A. 近期	B. 半年了	C. 一年多	D. 二年以上
	8	你厌学的主要原因是什么	A. 对学习没有兴趣	B. 不喜欢现在的老师和教学方法	C. 不能接受家长的教育方式	D. 社会上不良的传媒因素的影响（如网络）

高一统计结果表

分类	序号	A	B	C	D	其他
综合原因	5	1.72%	18.10%	51.72%	24.14%	4.31%
	6	7.7%	28.45%	7.76%	28.45%	27.59%
	7	55.17%	10.34%	4.31%	3.45%	26.72%
	8	30.17%	25.00%	12.93%	6.90%	25.00%

高二统计结果表

分类	序号	A	B	C	D	其他
综合原因	5	6.64%	26.64%	60.68%	6.05%	0.00%
	6	15.73%	40.56%	8.50%	24.89%	10.33%
	7	61.68%	14.58%	9.11%	6.67%	7.96%
	8	35.72%	31.35%	17.65%	7.33%	7.91%

高三统计结果表

分类	序号	A	B	C	D	其他
综合原因	5	8.27%	43.94%	41.38%	5.51%	0.91%
	6	10.12%	32.09%	23.82%	27.51%	6.46%
	7	70.59%	6.46%	10.08%	6.43%	6.43%
	8	44.93%	29.36%	10.98%	5.51%	9.23%

简要分析：

厌学情绪随年级的升高比例也增大，而且厌学的时间和频率也随年级升高而加长和增加，不交作业的比例随年级升高而提高。这主要是因为随着年级升高，课业负担加重、升学压力加大，学生心理上的承受能力有限，因此厌学心理、厌学情绪也随之增长。

2. 非智力因素

问题设置表

非智力因素	9	你厌学的非智力因素	A. 学习没有目标	B. 学习缺乏兴趣	C. 学习上缺少持之以恒的精神	D. 学习不专注，有分心现象
	10	你的学习目标	A. 十分明确	B. 较明确	C. 有些模糊	D. 很模糊
	11	你对学习的兴趣	A. 兴趣浓厚	B. 有一定兴趣	C. 对有些科目有兴趣	D. 没有兴趣
	12	你的学习毅力	A. 十分顽强	B. 有坚持精神	C. 偶尔懈怠	D. 经常虎头蛇尾
	13	你对学习的专注程度	A. 时时将学习放在第一位	B. 能比较用心的学习	C. 常会边学边玩	D. 心思基本不在学习上

高一统计结果表

分类	序号	A	B	C	D	其他
非智力因素	9	5.17%	22.41%	33.62%	17.24%	21.55%
	10	32.76%	50.00%	13.79%	1.72%	1.72%
	11	20.69%	46.55%	28.45%	1.72%	2.59%
	12	6.90%	38.79%	46.55%	6.03%	1.72%
	13	12.07%	68.10%	18.10%	0.86%	0.86%

高二统计结果表

分类	序号	A	B	C	D	其他
非智力因素	9	4.29%	17.55%	48.40%	22.45%	7.32%
	10	20.06%	52.09%	19.38%	7.88%	0.60%
	11	10.35%	36.53%	47.11%	5.40%	0.62%
	12	1.81%	24.35%	57.53%	16.31%	0.00%
	13	6.10%	55.97%	34.33%	3.60%	0.00%

高三统计结果表

分类	序号	A	B	C	D	其他
非智力因素	9	4.56%	29.34%	41.25%	14.73%	10.12%
	10	19.29%	44.88%	26.67%	7.34%	1.82%
	11	10.94%	35.81%	45.93%	4.58%	2.74%
	12	7.34%	14.66%	46.75%	27.59%	3.65%
	13	5.51%	53.18%	34.90%	4.58%	1.84%

简要分析:

年级越高,学生学习上持之以恒的精神越差,低年级学生比高年级学生学习目标更明确,学习兴趣更浓厚,高年级比低年级更容易出现偏科现象,只对有些科目有兴趣,而在不喜欢的科目的学习上不投入,甚至放弃。在学习毅力和学习的专注程度上也是低年级学生比高年级学生表现得好。这和随着年级升高,学习负担加重以及课程内容难度加大有直接关系。

3. 师生关系及教学方法

问题设置表

师生关系及教学方法	14	你和老师们的关系	A. 十分融洽	B. 比较融洽	C. 与个别老师相处得不好	D. 讨厌所有老师
	15	你认为现在老师们的教育教学方法	A. 十分民主	B. 基本还能接受	C. 不太喜欢,不太愿意接受	D. 十分反感
	16	你不喜欢	A. 现在的教育内容和课程	B. 现在的考试制度	C. 现在的教师的评价方式	D. 学校的管理体制

高一统计结果表

分类	序号	A	B	C	D	其他
师生关系及教学方法	14	29.31%	62.07%	6.90%	0.00%	1.72%
	15	27.59%	63.79%	4.31%	2.59%	1.72%
	16	9.48%	63.74%	14.66%	6.90%	5.17%

高二统计结果表

分类	序号	A	B	C	D	其他
师生关系及教学方法	14	25.39%	58.36%	13.23%	2.41%	0.61%
	15	17.00%	73.92%	6.66%	1.82%	0.61%
	16	10.29%	55.87%	18.09%	9.68%	6.07%

高三统计结果表

分类	序号	A	B	C	D	其他
师生关系及教学方法	14	14.70%	58.60%	20.29%	4.58%	1.84%
	15	10.08%	69.75%	14.68%	0.91%	4.58%
	16	8.28%	64.16%	17.46%	3.65%	6.45%

简要分析：

年级越低的学生与老师的关系越融洽，随着年级升高，师生融洽程度会逐渐降低，而与个别教师之间相处得不融洽和讨厌老师的比例反而会逐渐升高。对现任教师的教育教学方法接受的程度和喜欢的程度，年级越高比例相对越低，这也说明高年级的学生更有自己的相对独立和成熟的思想和观点，不太随波逐流，对老师的教育不大容易全盘接受。3个年级的学生不喜欢现在的教育内容和课程以及考试制度、评价方式的比例大体相当，没有太大差异。这也说明学生在这些方面的认可程度是一致的，我们现在的教育内容和课程以及考试制度、评价方式都已成为学生厌学的主要原因。

4. 亲子关系及家庭教育方式

问题设置

亲子关系及家庭教育方式	17	你与父母及家庭成员的关系	A. 十分和睦	B. 基本还行	C. 偶尔有矛盾	D. 常闹矛盾
	18	你最不喜欢父母	A. 天天唠叨你学习	B. 专制家长作风	C. 不关心你的生活	D. 干涉你交友的自由
	19	你希望你的父母是	A. 做你的好朋友	B. 和你有一定距离	C. 给你充分的自由	D. 能严格管理你
	20	你希望你的父母发现你的问题后	A. 和你谈论产生问题的原因及解决策略	B. 借助亲友做你的工作	C. 借助老师做你的工作	D. 让你自己反省并改过

高一统计结果表

分类	序号	A	B	C	D	其他
亲子关系及家庭教育方式	17	68.10%	22.41%	8.62%	0.00%	0.86%
	18	46.55%	21.55%	9.48%	17.24%	5.17%
	19	68.97%	7.76%	15.52%	6.03%	1.72%
	20	71.55%	4.31%	0.00%	22.41%	1.72%

高二统计结果表

分类	序号	A	B	C	D	其他
亲子关系及家庭教育方式	17	63.68%	21.22%	12.69%	1.20%	1.21%
	18	54.56%	22.36%	7.23%	9.14%	6.71%
	19	55.74%	9.10%	26.04%	7.31%	1.81%
	20	61.23%	2.46%	0.61%	32.68%	3.03%

高三统计结果表

分类	序号	A	B	C	D	其他
亲子关系及家庭教育方式	17	63.28%	16.57%	17.44%	2.74%	0.00%
	18	50.44%	15.59%	14.70%	12.85%	6.46%
	19	47.68%	14.63%	29.41%	7.36%	0.93%
	20	66.08%	4.56%	2.73%	22.05%	4.58%

简要分析：

　　三个年级的学生与父母及家庭成员之间的关系比较和睦的比例相当，而偶尔或经常与父母有矛盾的学生的比例随年级升高而增大。学生在不喜欢父母天天唠叨学习和专制家长作风方面的比例大致一样，这说明不论哪个年龄段的孩子都不太喜欢父母的唠叨和专制家长作风。年级越高，孩子越渴望自己有充分自由的空间，能自己处理自己的事情，因为他们认为自己已经长大了，是成年人了，可以独立解决自己的问题，这也是对他们自身人格的尊重。

5. 社会环境、大众媒体

问题设置

社会环境	21	你觉得对你学习有影响的	A. 当前的就业压力	B. 人们对金钱的崇拜	C. 家庭经济条件不好		D. 上大学不是唯一出路
	22	你的成绩下降是因为	A. 迷恋上网络游戏	B. 与朋友交往过度	C. 业余爱好太多（如踢球、打篮球、看网络小说等）		D. 家庭环境影响

高一统计结果

分类	序号	A	B	C	D	其他
社会环境	21	63.79%	8.62%	2.59%	19.83%	5.17%
	22	6.90%	14.66%	50.86%	8.62%	18.91%

高二统计结果表

分类	序号	A	B	C	D	其他
社会环境	21	58.11%	11.51%	4.25%	17.02%	9.11%
	22	9.17%	13.84%	55.70%	8.50%	12.78%

高三统计结果表

分类	序号	A	B	C	D	其他
社会环境	21	52.17%	14.66%	3.65%	19.34%	10.77%
	22	6.38%	22.88%	46.84%	7.34%	16.57%

简要分析：

对金钱的崇拜随年级的升高比例也增大，而就业压力对3个年级学生学习影响的程度大致相同，高二年级的学生受网络影响人数高于高一、高三年级，而与朋友交往过度，对学生成绩的影响高三的比例高于高一和高二年级，这表明高三的学生交友的欲望更强烈，与朋友交往花费的时间和钱财也更多。

（三）不同层次学生的趋同和差异

本次问卷涉及不同层次班级的学生，其中实验班2个112人，重点班1个55人，平行班4个223人（在抽样问卷调查中考虑了文理科都兼顾，在分析比较中不再从文理科班级的角度进行），平行班的比例之所以放大是和我校设置的班额有关，基本上能较客观地代表我校学生的整体学习水平。

1. 综合原因

问题设置表

综合原因	5	你有过厌学的情绪吗	A. 经常有	B. 阶段性有	C. 偶尔有过	D. 从没有过
	6	你厌学情绪的具体表现	A. 不想上学，是家长强迫来的	B. 上课经常睡觉	C. 作业经常不交	D. 不关心考试名次
	7	你厌学的时间有多长	A. 近期	B. 半年了	C. 一年多	D. 二年以上
	8	你厌学的主要原因是什么	A. 对学习没有兴趣	B. 不喜欢现在的老师和教学方法	C. 不能接受家长的教育方式	D. 社会上不良的传媒因素的影响（如网络）

实验班统计结果表

分类	序号	A	B	C	D	其他
综合原因	5	2.71%	20.53%	52.49%	19.96%	4.31%
	6	4.44%	28.19%	11.59%	26.09%	29.69%
	7	42.24%	16.22%	9.00%	3.64%	28.90%
	8	30.46%	18.87%	14.56%	9.07%	27.04%

重点班统计结果表

分类	序号	A	B	C	D	其他
综合原因	5	7.27%	54.55%	30.91%	5.45%	1.82%
	6	7.27%	34.55%	27.27%	29.04%	1.82%
	7	76.36%	1.82%	10.91%	5.45%	5.45%
	8	47.27%	29.09%	14.55%	5.45%	3.64%

平行班统计结果表

分类	序号	A	B	C	D	其他
综合原因	5	6.80%	27.10%	58.09%	8.02%	0.00%
	6	16.70%	37.96%	9.55%	26.33%	9.47%
	7	68.93%	10.78%	6.80%	6.76%	6.73%
	8	37.30%	34.02%	14.27%	5.80%	8.62%

简要分析：

（1）重点班、平行班在厌学情绪的表现程度上明显高于实验班，这也正是造成成绩有明显区别的重要原因，实验班学生的厌学情绪集中在"偶尔有过"方面，但很快能在老师、家长的帮助和个人努力下克服厌学情绪，重新投入学习中，而重点班、平行班学生存在阶段性厌学情绪的比例很高。

（2）实验班学生的厌学情绪的具体表现除了不想上学、不交作业、不关心考试名次、上课睡觉外，其他表现形式还有很大比例，具体内容还有待进一步调查研究。

（3）重点班、平行班学生在"近期厌学"这方面的比例明显高于实验班。本次问卷调查时间是在新学期开始，说明从学期开始重点班、平行班的学生就存在厌学情绪，对学习的兴趣、新鲜感程度都很低。

（4）在"不能接受家长的教育方式"这一点上，不同层次的学生对此反应一致，说明我们的家庭教育有共同的误区。

（5）"对学习没有兴趣""不喜欢现在的老师和教学方法"是重点班、平行班以及实验班学生厌学的主要原因，而重点班、平行班学生在这两方面的比例都高于实验班学生。

2. 非智力因素

问题设置表

非智力因素	9	你厌学的非智力因素	A.学习没有目标	B.学习缺乏兴趣	C.学习上缺少持之以恒的精神	D.学习不专注，有分心现象
	10	你的学习目标	A.十分明确	B.较明确	C.有些模糊	D.很模糊
	11	你对学习的兴趣	A.兴趣浓厚	B.有一定兴趣	C.对有些科目有兴趣	D.没有兴趣
	12	你的学习毅力	A.十分顽强	B.有坚持精神	C.偶尔懈怠	D.经常虎头蛇尾
	13	你对学习的专注程度	A.时时将学习放在第一位	B.能比较用心的学习	C.常会边学边玩	D.心思基本不在学习上

实验班统计结果表

分类	序号	A	B	C	D	其他
非智力因素	9	7.15%	14.24%	34.29%	20.72%	23.60%
	10	30.27%	47.29%	16.09%	4.63%	1.72%
	11	20.34%	50.13%	25.16%	0.86%	3.51%
	12	4.31%	39.21%	43.97%	10.79%	1.72%
	13	13.25%	64.62%	21.26%	0.00%	0.86%

重点班统计结果表

分类	序号	A	B	C	D	其他
非智力因素	9	7.27%	30.91%	45.45%	9.09%	7.27%
	10	16.36%	52.73%	20.00%	7.27%	3.64%
	11	18.18%	32.73%	40.00%	5.45%	3.64%
	12	7.27%	16.36%	50.91%	20.00%	5.45%
	13	5.45%	56.36%	30.91%	5.45%	1.82%

平行班统计结果表

分类	序号	A	B	C	D	其他
非智力因素	9	2.69%	24.19%	45.22%	20.19%	7.71%
	10	21.85%	49.68%	21.72%	6.31%	0.45%
	11	8.86%	35.33%	49.94%	5.41%	0.46%
	12	4.50%	21.29%	55.09%	18.65%	0.46%
	13	5.37%	56.22%	33.89%	4.06%	0.46%

简要分析：

（1）重点班、平行班的学生在学习上明显比实验班的学生缺少持之以恒的精神，做事易半途而废或浅尝辄止，在学习品质上有明显区别。

（2）在"学习目标"上，实验班学生比重点班、平行班的学生目标更清晰，更知道自己要做什么，做成什么样，所以在学习上会更投入、更努力，因为目标就是奋斗的方向，是人一切意识活动的动力。

（3）"没有学习的兴趣"也是造成学习成绩差的重要原因，因为学习的内因是个体的努力，兴趣是最好的老师，抓学习成绩应从培养学习兴趣入手。在学习上兴趣投入多了，在其他方面就会减少，干扰和影响学习的因素也就会减少。因为实验班学生对学习有兴趣，相应的在学习上的专注程度、坚持精神的比例就比重点班、平行班要高得多。

3. 师生关系及教学方法

问题设置表

	14	你和老师们的关系	A. 十分融洽	B. 比较融洽	C. 与个别老师相处得不好	D. 讨厌所有老师
师生关系及教学方法	15	你认为现在老师们的教育教学方法	A. 十分民主	B. 基本还能接受	C. 不太喜欢，不太愿意接受	D. 十分反感
	16	你不喜欢	A. 现在的教育内容和课程	B. 现在的考试制度	C. 现在的教师的评价方式	D. 学校的管理体制

实验班统计结果表

分类	序号	A	B	C	D	其他
师生关系及教学方法	14	25.70%	68.14%	4.44%	0.00%	1.72%
	15	30.01%	62.04%	5.36%	0.86%	1.72%
	16	13.31%	62.64%	10.66%	7.09%	6.29%

重点班统计结果表

分类	序号	A	B	C	D	其他
师生关系及教学方法	14	12.73%	70.91%	9.09%	5.45%	1.82%
	15	10.91%	67.27%	14.55%	1.82%	5.45%
	16	5.45%	70.91%	14.55%	5.45%	3.64%

平行班统计结果表

分类	序号	A	B	C	D	其他
师生关系及教学方法	14	25.02%	52.31%	19.02%	2.74%	0.92%
	15	13.85%	74.38%	8.17%	2.23%	1.38%
	16	8.58%	56.83%	20.65%	7.62%	6.31%

简要分析：

（1）在平行班的学生与老师的融洽程度中"和个别老师相处得不好"的比例高于实验班和重点班，这说明，学习成绩不好的学生更不愿意接受老师的管理，容易和老师发生冲突产生矛盾，这也和我们平日所说的平行班学生比实验班、重点班学生在思想教育和课堂纪律方面管理难度更大相符合。

（2）同样，实验班的学生比重点班、平行班的学生更不愿接受老师现在的教育教学方法，我想这也从另一个方面说明了老师们在教育实验班的学生和教育重点班、平行班的学生所用的教育教学方法不一样，对重点班、平行班学生更多批评、训斥，以至于这一层次的学生认为老师不民主的比例要高于实验班。

（3）实验班的学生比重点班、平行班的学生更不喜欢"现在的教育内容和课程"，重点班、平行班的学生比实验班学生更不喜欢"现在的评价方式"，这也是不同层次的学生之间的差异，说明实验班学生对教学内容的广度和深度有需求，而重点班、平行班的学生则不希望用分数低来说明他们不行，他们更希望能展示他们其他方面的才艺和能力。

4. 亲子关系及家庭教育方式

问题设置表

亲子关系及家庭教育方式	17	你与父母及家庭成员的关系	A. 十分和睦	B. 基本还行	C. 偶尔有矛盾	D. 常闹矛盾
	18	你最不喜欢父母	A. 天天唠叨你学习	B. 专制家长作风	C. 不关心你的生活	D. 干涉你交友的自由
	19	你希望你的父母是	A. 做你的好朋友	B. 和你有一定距离	C. 给你充分的自由	D. 能严格管理你
	20	你希望你的父母发现你的问题后	A. 和你谈论产生问题的原因及解决策略	B. 借助亲友做你的工作	C. 借助老师做你的工作	D. 让你自己反省并改过

实验班统计结果表

分类	序号	A	B	C	D	其他
亲子关系及家庭教育方式	17	68.74%	22.38%	7.09%	0.00%	1.79%
	18	50.93%	18.81%	8.81%	12.52%	8.94%
	19	67.56%	9.87%	11.85%	9.00%	1.72%
	20	63.31%	4.50%	0.00%	29.53%	2.65%

重点班统计结果表

分类	序号	A	B	C	D	其他
亲子关系及家庭教育方式	17	65.45%	14.55%	16.36%	3.64%	0.00%
	18	56.36%	16.36%	12.73%	12.73%	1.82%
	19	50.91%	20.00%	23.64%	5.45%	0.00%
	20	63.64%	7.27%	5.45%	18.18%	5.45%

平行班

分类	序号	A	B	C	D	其他
亲子关系及家庭教育方式	17	62.72%	20.56%	14.91%	1.36%	0.45%
	18	49.84%	21.85%	9.92%	12.46%	5.93%
	19	53.62%	8.09%	30.16%	6.31%	1.82%
	20	67.17%	2.21%	0.45%	27.43%	2.74%

简要分析：

（1）不同层次的学生与父母及家庭成员关系的和睦程度基本上一致，但从有矛盾的比例看，重点班、平行班高于实验班，这也反映出重点班、平行班个别学生不太服从父母管教。

（2）在不喜欢"父母整天唠叨学习、实行专制家长作风、不关心生活和干涉交友自由"方面，各层次的学生没有太大区别，这方面，学生对家长的希望看来是一致的。

（3）对"希望父母给予充分的自由"这方面的要求，平行班的学生比重点班的学生比例高，重点班比实验班比例高，这也从反面说明对于成绩不是太好的学生，家长管教得越多，限制得也越多。

（4）各层次的学生都希望父母在发现自己的问题后能"和自己谈论产生问题的原因及解决策略"并能"让自己反省并改过"。这是因为高中学生的自我意识很强，希望父母能把他们当朋友看，而不是父母所认为的还是一个不懂事的孩子。这也是青春期孩子的共同心理特征，成人感、独立感很强。

5. 社会环境、大众媒体

问题设置表

社会环境	21	你觉得对你学习有影响的	A. 当前的就业压力	B. 人们对金钱的崇拜	C. 家庭经济条件不好	D. 上大学不是唯一出路
	22	你的成绩下降是因为	A 迷恋上网络游戏	B. 与朋友交往过度	C. 业余爱好太多（如踢球、打篮球、看网络小说等）	D. 家庭环境影响

实验班统计结果表

分类	序号	A	B	C	D	其他
社会环境	21	58.88%	8.14%	2.78%	20.40%	9.80%
	22	13.51%	8.01%	47.54%	8.08%	22.86%

重点班统计结果表

分类	序号	A	B	C	D	其他
社会环境	21	65.45%	16.36%	5.45%	10.91%	1.82%
	22	10.91%	29.09%	41.82%	7.27%	10.91%

平行班统计结果表

分类	序号	A	B	C	D	其他
社会环境	21	55.76%	12.11%	3.56%	19.42%	9.15%
	22	4.04%	17.87%	56.49%	8.50%	13.20%

简要分析：

（1）各层次学生都不认为家庭经济条件不好对学习会产生多大影响，看来这不是造成学习成绩差的主要原因，也说明我们家庭经济不好的学生能正确对待贫穷，而不会因此消沉。

（2）当前的就业压力大还是影响学习的重要因素，这说明高中生已经开始考虑将来的就业问题，已经开始关注社会现实。

（3）网络游戏对实验班学生的影响比例高于重点班、平行班，而过度交往对学习的影响，重点班、平行班的比例高于实验班。这说明重点班和平行班的学生在学习上兴趣不高，而在交际方面却不怕花费时间和精力，业余爱好过多也是影响各层次学生学习的一个重要方面，说明我们的学生不会正确处理学习和交友、爱好等方面的关系，在这方面我们还要加强指导。

第三部分 问卷调查中发现的突出问题及应对策略

本次问卷调查有一定代表性和典型性，基本上能较真实地反映普通高中学生厌学的主要心理成因。现将调查问卷分析报告中发现的突出问题概括如下，并提出相应的应对策略。

一、综合原因方面

1. 存在问题

学生的厌学情绪多集中在近期，或者说是升入高中后，而且随着年级升高比例增大，重点班、平行班厌学比例高于实验班，男生比例高于女生。这说明随着年级的升高，学生的课业负担加重，学习时间太长，学生身心疲劳，再加上升学压力过大，这一切都超过了高中学生的心理生理承受能力，尤其是学习基础相对较差的平行班、重点班的学生更是无法应对学习上的各种困难，只好选择懈怠或放弃，而男生在毅力上较女生差，受外界影响更多，因此厌学情绪的比例也相应高于女生。

2. 应对策略

（1）对新升入高中的学生做好心理和知识上的初、高中衔接准备工作，让新升入高中的学生首先从心理上接受高中学习将会遇到的困难，做好心理上的准备，再从知识传授上做好初、高中的知识过渡衔接，遵循由易渐难、由浅入深、由少到多的顺序。

具体做法：开好主题班（团）会《迈好高中第一步》《怎样做好高中生》，召开年级大会《梦想从这里起飞》，进行心理辅导《你准备好了吗》等活动形式。

学校教研室组织高一教师利用暑假进行"初高中教材的衔接培训"，请有经验的教师交流"如何上好高中第一课"等。

高中起始阶段各学科，特别是理科进度不宜过快，要切实解决知识的跨度与教师教学方式差异而给学生带来的心理不适期症状。

（2）减轻学生课业负担，保证学生正常的休息。学校要限制作业量，要求教师认真选题、备课，而不是让学生做大量重复作业，科学合理布置作业，保证学生的休息时间。

（3）不同层次的学生学习要求不同，应因材施教。不同层次的学生学习能力不同，学习基础有差异，不能在作业上同等要求，应因材施教，有所侧重，让学生努力就可以做到，认真就可以做好，而不是遥不可及，无法达到。努力了还做不到的可能不放弃吗？

（4）当学生出现厌学情绪后，教师不能听之任之，任其发展，而应针对厌学的心理原因及时有效地进行心理疏导，问题刚刚出现一般比较容易解决，只有解决好了思想问题，才能更好地投入学习中。

（5）注重培养学习兴趣，激发学生学习的主动性，而不是家长逼着、老师压着学习，这样也极易产生厌学情绪，兴趣是最好的老师，方法是最好的导师，培养对学习的兴趣，掌握良好的学习方法就可以事半功倍。

二、非智力因素方面

1. 存在问题

问卷学生的非智力因素对学习的影响主要是"学习缺乏兴趣"和"缺少持之以恒的精神"，而且随着年级升高，学生学习上持之以恒的精神越差，低年级学生比高年级学生学习目标更明确，学习兴趣更浓厚，高年级比低年级更容易出现偏科现象。重点班、平行班的学生明显比实验班的学生缺少持之以恒的精神，实验班的学生对学习的兴趣和在学习上的投入也比重点班、平行班的学生浓厚得多，大得多。

2. 应对策略

加强理想信念教育不只是在高一注重对学生的思想品德教育，到了高二、高三就以"学习任务繁重"为借口而放松对学生的思想品德教育。学习任务越重，学习压力越大，学生的精神承受能力就越差，挫折感也会相应增加，所以会产生放松学习甚至放弃学习的想法。各班主任要充分利用班（团）会课对学生进行理想信念教育，明确目标，树立信心，不怕失败，不言放弃。主题可以有："做学习的主人""天生我材必有用""青春无限好，为学须及早""少壮不努力，老大徒伤悲""朝来寒雨晚来秋——人生挫折十有八九""阳光总在风雨后——走出挫折迷雾""天行健，君子以自强不息"等。

（1）通过主题活动使学生懂得：意志的坚忍性表现在坚持不懈地克服困难，永不退缩的品质方面，目标越远大，需要付出的努力越多，需要花费的时间也越长，遇到的挫折也会越多，如果没有坚持不懈的意志品质，很难达到远大的目标。

（2）注重培养学习兴趣，激发学生学习的主动性，而不是家长逼着、老师压着学习，这样做的结果只能是使学生产生厌学情绪。兴趣是人认识某种事物或从事某种活动的心理倾向，它是以认识和探索外界事物的需要为基础的，是推动人认识事物，探索真理的重要动机。我们常说兴趣是最好的老师，方法是最好的捷径。是苦学还是乐学，这里的苦和乐就是由兴趣是否浓厚决定的，"工欲善其事，必先利其器"，掌握正确的学习方法将会事半功倍。

（3）学生只有对学习感兴趣，才能把心理活动指向和集中在学习的对象上，使知觉活跃，注意力集中，观察敏锐，记忆持久而准确，思维敏锐而丰富，激发和强化学习的内在动力，从而调动学习的积极性。兴趣的形成和家庭教育、教师的教学、周围环境的影响、学生有意识地自我培养有关。在这里我们主要讲作为学生如何培养学习兴趣。

① 积极期望。即从改善学生自身的心理状态入手，对自己不喜欢的学科充满信心，相信该学科是非常有趣的，自己一定会对这门学科产生兴趣。想象中的兴趣会推动学生认真学习该学科，从而导致对此学科真正感兴趣。

从可以达到的小目标开始，不断地进步会提高学习的信心，不要期望在短期内将成绩提高上去，持之以恒地努力，一个小目标一个小目标地实现，是实现大目标的开始，也培养了自我成就感。

② 明确学习目的，间接建立兴趣。当学生知道学习的结果是什么，为什么要学习该学科后，才能经受住长期艰苦的努力过程，而不至于望而却步。

③ 不断提出新问题来保持对学习的兴趣。为了探讨问题的答案，要求必须认真读书，一旦真正读进去，你就会被吸引，兴趣就保持住了。

④ 想象学习成功后的情景，可以激发学习的兴趣。如果我们想象这件事的结果很好，就可以促进你去坚持做好这件事。

⑤ 纠正偏科现象。高三学生偏科现象尤其严重，因为到了高三，高中阶段的知识已经学完了，是该对所学知识进行归纳总结的阶段了，如果高一、高二的知识没有学好，那么高三的总复习将会很吃力，欠缺知识太多，综合能力跟不上，意志薄弱的学生就会选择放弃，放弃一门或两门学科所带来的影响是越不投入，差距越大，差距越大，分数越低，学生越对此门学科没有信心，很多学生就是因为偏科而错失了名校、重点大学。

对偏科现象，当一开始出现时就要注意，千万不可听之任之，解决偏科的办法是每天先学相对薄弱的学科，学习时间相对延长，从最基础的学起，这样会有成就感，增强自信心，一开始不要期望成绩有多大提高，学习需要一个过程，只要努力去做了就一定会有提高。

⑥ 对于重点班、平行班的学生，因为他们的学习基础相对薄弱，学习习惯不是太好，持久精神也较差，所以要格外关注。首先，了解他们的兴趣转移到了哪些方面，也就是说是什么原因影响了学习，然后对症下药，有的放矢，克服坏习惯，培养好习惯。其次，对这些学生在学习上一开始要求不能太高，应根据他们的实际情况制定目标要求，循序渐进。最后，按照经验这些学生会反复出现厌学情绪，老师、家长要有耐心，热心主动帮助他们，晓之以理，动之以情，情感的沟通也是很必要的。首先是老师、家长不放弃，其次才能要求学生不放弃，这时老师、家长的榜样作用是会潜移默化地

影响到学生。最后，发现进步及时鼓励，很多时候人的潜力是夸出来的，学生尤其要激励。

三、师生关系及教学方法方面

1. 存在问题

（1）不同年级、不同层次的学生都存在和个别老师相处得不融洽的现象，甚至讨厌个别老师。

（2）对于老师们现在的教学方法，不同年级、不同层次和不同性别的学生都有一定比例认为不是十分民主和不愿接受。

（3）以上两种情况随年级升高比例增大，重点班、平行班比实验班比例高。

（4）3个年级的学生不喜欢现在的教育内容和课程以及考试制度、评价方式的比例大体相当，没有太大差异，而实验班的学生在此问题上的比例高于重点班、平行班。

（5）更多的学生不喜欢现在的考试制度，女生的比例高于男生。

2. 应对策略

在此重点谈谈师生关系与教学方法，而考试制度作为国家教育的检查手段在本文中不做评价。

（1）要减轻学生负担，提高教学质量，建立新型的师生关系是基础，运用灵活多样的教学方法是关键。学生只有"亲其师，才能信其道，乐其道"，良好的师生关系会激发学生对教师的尊重和爱戴，并迁移到教师所教的学科上。

（2）全国优秀语文教师、四川省语文特级教师李镇西说："我认为，就教学风格而言，不同的教师有不同的特点，但作为体现新课程理念的语文教学，无论什么风格，都会或多或少有'对话'的色彩。"我理解的对话，不仅仅是一种教学方法，更是一种师生关系。我之所以现在越来越愿意在课堂教学中营造一种对话的氛围，这不是简单的一种教学方法的采用，而是基于我对课堂师生关系的思考和选择。课堂是教学的主阵地，而在课堂教学需要解决的诸多问题中，最核心的是师生关系，而理想师生关系的灵魂，我认为是民主。对话，主要是指师生之间平等的心灵沟通。

（3）李镇西老师认为课堂师生关系有三种境界：第一种是教师绝对权威而学生绝对服从的填鸭式；第二种是教师在行动上似乎并不专制，但在思想上却分明是学生主宰的诱导式；第三种是师生平等和谐，教师在保持其教育责任的同时又尊重学生和学生一起进步的共享式。共享的过程其实就是对话的过程。

（4）在课堂教学中，我们教师的角色可以是导游、主持人以及导演、舵手等，不管是什么角色，最重要的是教师在课堂上要营造一种师生间平等的心灵沟通。

追求民主、平等、和谐的课堂氛围，教师真正做到以思想点燃思想，以自由呼唤自由，以平等造就平等，以宽容培养宽容，在这样的师生关系和教学方法下，学生精神世界潜藏的自由精神才能得以发掘，我想这正是我们都希望的师生关系和教学方法。

四、亲子关系及家庭教育方式方面

1. 存在问题

（1）不同年级、性别和层次的学生都不喜欢父母天天唠叨学习，也不喜欢家长的专制作风，在这两点上比例大体一致。

（2）各层次、各年级的学生都希望父母在发现自己的问题后"能和自己谈谈产生问题的原因及解决策略"并能让"自己反省改过"。

（3）参与问卷调查的学生都希望父母做自己的朋友，而不是过度限制自己的自由。

这是家庭教育方面的问题，在这儿想对各位家长朋友提出几点建议。

2. 应对策略

（1）高中学生随着社会性的发展、认识水平的提高、自我意识的增强，他们关注、要求自己从吃、喝、玩和学习课本知识转向社会的存在、发展和人生的意义等方面，孩子在家庭互动中的侧重点已从母亲一人身上转移到双亲。父亲具有母亲所不能代替的优势。父亲通常具有独立、自信、果断、坚强、进取精神、开朗、宽厚、喜欢交往等品质是影响孩子个性品质形成的重要源泉，是影响孩子生活方式价值观和态度系统的榜样。因此，父亲工作虽然很忙，压力虽然很大，也要关注孩子的成长，关心孩子的教育，与孩子建立友好的亲子关系。

（2）错误的教育观念和教育方式导致许多家长在不知不觉中失去了教育孩子的最佳时机和最好方式，作为学校要提醒家长，建立家长培训学校和家访制度是必不可少的一条，通过家长会和个别访谈，教师与家长要及时沟通教育观念和教育方式，让家长知道孩子在不同成长阶段心理和生理的特点，孩子需要什么样的关爱和教育，这方面工作应由学校负责去做。

（3）改善亲子关系，最根本最有效的途径莫过于教育观念。教育观念是家长素质的核心，家长具有什么样的教育观念，决定其有什么样的教养态度、行为。什么样的教养态度、行为决定有什么样的亲子关系。

家长片面的人才观造成对子女的高期望，重智轻德，一味加重孩子课业负担，天天唠叨学习，造成孩子厌学情绪加重，亲子关系紧张。

还有些家长将孩子看成是自己的私有财产，"我生你养你，你就得听我的"。没有把孩子看成是积极的和有创造性的权利主体，不尊重孩子的人格尊严与权益，抹杀他们的独立自主性，限制自由，由此造成孩子的逆反心理、反抗行为，很难建立民主和谐的亲子关系。

（4）家长在教育孩子的过程中还要有忍耐性。当孩子犯了错误或成绩不理想，家长通过教育认为效果不好使，往往会急躁发火、灰心丧气。其实，家长应认识到孩子的坏习惯的养成不是一天的事，"冰冻三尺非一日之寒"，矫治也需要时间，不能期望立竿见影，孩子的品德和学习习惯形成有长期性、反复性的特点。特别是情绪烦躁不安的更年期父母，遭遇情绪疾风暴雨式的青春期孩子，双方情绪都难控制，容易使亲子关系恶化，因此家长在教育中要忍耐、再忍耐，持之以恒，绝不放弃。

（5）家长应主动与老师沟通，随时了解孩子在学校的生活学习情况，只有与老师相互配合，才能有效地加强对孩子的管理、教育。

五、社会环境和大众传媒方面

1. 存在问题

（1）"当前就业压力大"还是影响学生学习的首要社会因素。

（2）网络游戏对学习的影响也不可忽视，尤其是对成绩不好的学生影响更大。业余爱好过多也是影响学习的一个方面。

（3）年级越高，交友花费的时间、精力越多，对学习影响也就越大。

（4）男生受网络游戏影响的比例高于女生，女生交友过度的比例高于男生。

2. 应对策略

这个问题的解决要从为什么正值学习期的孩子会迷恋上网和交友说起。

许多孩子课业上不堪重负，学习成绩达不到父母、老师的期望，经常遭受指责，在集体中感到自卑，难以适应，体会不到学习成功的乐趣。而在网络游戏中，可以缓解学习压力，获得虚拟奖励，获得满足感、成就感，当得不到父母、老师的理解和关爱时，在同学、朋友那里可以得到情感上的沟通和理解，找到自我尊严和自我满足。

因此，下面几点需要引起我们老师和家长的注意：

（1）家长应摒弃几种不正确的教育方法：

① 奢望型：父母把自己的希望完全投射在子女的身上，望子成龙，望女成凤，而忽略了子女的天赋能力与倾向，希望子女完全遵从父母的要求或标准去做。

② 溺爱型：父母对子女的要求、主张、意见都是无条件地接受，想尽一切办法迎合子女的意愿、要求。

③ 严厉型：父母常以严厉、顽固、强迫的态度或禁止、命令的方式来监督、管教子女，使子女与父母情感上疏远。

（2）学校家长联合起来，对学生进行网络道德教育，帮助孩子增强对网络文化的识别能力和抗诱惑能力，提高孩子的自我教育能力，学会驾驭和掌握网络技术。

（3）营造良好的社会环境。充分发挥大众传媒和各级各类青少年活动阵地的作用，宣传科学理论，传播先进文化，塑造美好心灵。倡导科学规律，把健康的心理知识、思想观念和道德要求，不断灌输到青少年的头脑中。

（4）加强心理健康教育，配备专业心理咨询师，开展心理咨询，举办心理健康讲座，及时做好学生的心理工作，提高学生心理健康水平，指导学生如何交友，如何培养健康向上的兴趣爱好，如何克服不良习惯，等等。

第四部分 对于这次课题研究的反思

通过本次课题研究活动的开展，作为课题组成员，我们在研究中学习，在研究中收获，但我们也发现了我们本次课题研究中的一些不足：

（1）问卷的设计还不够细化，比如，我校有相当比例的住校生，住校生厌学情绪方面的表现及"非智力因素""师生关系及教学方法""亲子关系及家庭教育方式""社会环境、大众传媒"等因素对住校学生的影响如何，应作为一个点进行分类研究。

（2）问卷中并列设置的几个问题还不够具体，只是泛泛而问。如"社会环境及大众媒体对学生厌学情绪的影响"中第22个问题中D选项"家庭环境影响"，这里的"家庭环境影响"就是个模糊概念。再如，第16个问题中A选项"现在的教育内容和课程"，学生不可能对所有的教学内容都不喜欢，所有的课程都讨厌，可以设置为具体的学科。

（3）问卷调查范围尽管涉及了全校各年级、各层次、各科类，但是只是代表了我校的学生厌学情绪表现，如果能再到本地区其他普通高中去做些问卷，调查数据将会更加有代表性、广泛性。

（4）由于受研究者本人的研究水平、专业理论知识、个人能力的限制，研究的深度、广度还都不到位，提出的一些观点也不一定准确，得出的理念不一定有新的突破，这也是我们最大的不足。

我们既看到我们付出的努力和在课题研究方面迈出了可喜的一小步，也正视我们存在的不足和问题，在今后的研究中我们一定会不断努力，首先在我校针对相关问题进行尝试和解决，用理论指导我们的实践，让学生在和谐、民主的氛围中健康成长，努力学习！

参考文献

［1］中国就业培训技术指导中心，中国心理卫生协会.心理咨询师［M］.北京：中国劳动社会保障出版社，2017.

［2］周菊.大众传媒对中学生的负面影响［J］.卷宗，2016（10）.

附：

课题简要信息及课题组主要成员

课题名称		普通高中学生厌学的心理成因及对策研究					
主题词		高中生、厌学心理成因及对策					
主持人姓名	张冬梅	性别	女	民族	汉	出生日期	1968.11
专业职务	教师	行政职务	德育处副主任	研究专长		学生心理问题	
最后学历	大学	最后学位		担任导师			
工作单位		新疆哈密地区二中			电话	0902-2250077	
通信地址		哈密市爱国南路5号			邮编	839000	
主要参加者	姓名	性别	出生年月	专业职务	研究专长	学历	学位	工作单位
	陈彩兰	女	1955.5	教师	学生思想心理问题	大学		
	徐红	女	1954.6	教师	学生思想心理问题	大学		
	李志宏	女	1967.8	教师	学生思想心理问题	大学		
	史玉良	男	1978.9	教师	学生思想心理问题	大学		
	李涛	男	1979.7	教师	学生思想心理问题	大学		
	祝振全	男	1978.5	教师	学生思想心理问题	大学		
	石敦	男	1977.6	教师	学困生思想工作	大学		
	葛长新	男	1971.7	教师	艺术教育	大学		
预期成果		论文、研究报告					
申请经费（单位：万元）		2万元		预计完成时间		2009年8月30日	

生活篇

——以真心示人，字字沁馥

作为母亲、同学和同事，我深深地挚爱着每一个人。在这熙来攘往的人世间，我们有缘相遇，有幸相知，有爱相随，有情相爱，每一段时光都留给了我们美好，每一段人生都让我们留恋。这里有初心，这里是本心——但有真心最馥郁。

迎接挑战，不断进取

——我的成长分析报告

　　我出生在西北边陲的一个小城，幼年随父母工作调动来到一个偏远的山沟，那里四面环山，有丰富的矿产，勤劳热情的人们。山的高大使我向往天空，树立了高远的人生目标，人的淳朴使我追求真善美，培养了良好的个人品行，环境的恶劣使我懂得了坚韧，增强了战胜困难的勇气。美国精神分析学家艾里克森认为，人的发展是在一系列心理社会阶段中进行的，在人格的发展中，自我逐渐形成的过程在个人及其周围环境的交互作用中起着主导和整合的作用。因此我也认为一个人的基本人生观的形成同样是与其生长的家庭环境、地域环境、社会环境以及民族的特性与文化有着密切的关系。我的父亲是一名医生，在他30多年的医务工作生涯中，始终以关爱他人作为做人、工作的出发点，曾帮助无数病人解除病痛，挽救过许多垂危病人的生命，在救死扶伤的岗位上尽心尽力，任劳任怨。我的母亲是远近有名的热心人，哪家遇到困难了，哪家夫妻闹矛盾了，哪里邻里不和了，妈妈总能调节处理好这些问题，因此在当地威信很高。当然，父母更重视对我们三个子女的教育，教育我们礼貌对人、热情待人、诚信做人。我在家里排行老大，受到家庭传统观念的影响比较多，又是个女孩儿，因此很小就承担了家里的一部分家务劳动，学会了替父母操心，分担家务。在这样良好的家庭氛围中，我懂得了关爱他人，培养了我热情爽直的性格。

　　我从上小学开始成绩一直很好，在班里担任班干部，上高中后住校，学习条件很差，但也就是这段时间，锻炼了我的管理能力，培养了我独立的个性和吃苦精神。

　　我18岁以前接受的家庭教育、学校教育和社会教育是我人生中最为宝贵的一笔财富，它也成为我今后学习、工作、生活中的指导性经验，使我终身受益。我感谢父母，他们给了我生命，陶冶了我的情操；我感谢老师，他们给了我知识，培养了我的品质；我感谢朋友，他们给了我关爱，塑造了我的人格。

怀着一颗感恩的心，带着满腔的热情，我走向了工作岗位，做了一名光荣的人民教师，我热爱教育工作，热爱学生，愿意做孩子们的老师，更愿意和他们交朋友，帮助他们健康成长。工作不久，我就外出进修，这几年的学习可以说对我是至关重要的一段经历，我走出了过去生活的那块狭小的天地，同时我也学习了大学本科的专业知识，提高了专业水平。我十分珍惜这几年的学习机会，因此在学习上也格外努力，比别人付出的更多，收获也相应更多一些。当我学习结束又回到学校教学时，我感觉我比以前成熟了许多，用我的敬业精神、用我的专业知识、用我的一片爱心，我连续带了4年毕业班，成绩优异，这期间我也步入了婚姻的殿堂。这时期算是我人生最开心的时期，同时是我人格形成的初期，也是我人生的第一个高峰期。

1996年，我离开了养育我的那片故土，调进兵团一所师部中学，在这里我开始了新的生活。当时这所学校教学质量不好，处于低谷期。在这种环境中工作，对于我这样一个个性很强的人来说是十分不幸的，我带着强大的压力去工作，不管周围人怎么样，我还是尽心尽力，默默工作。3年后，我所带的一届学生在毕业考试中取得了优异的成绩，我的付出得到了回报，这一年我被评为"全师优秀教师"。从那时起我更坚信：人不管在什么环境中都不可轻言放弃，只要坚持不懈去追求，就一定能成功。天道酬勤呀！

也就在这时，市区一所自治区重点中学要调我过去，经过反复考虑，我想再给自己一次挑战机会，于是毅然决然地来到了这所全市最好的学校。来到新的学校才知道，这儿的工作强度、工作压力远比我想象的要大得多，我又遇上了人生新的挑战。从一开始的极不适应到逐渐适应，我不断地调整自己的心态，坚定自己的信念，不退缩、不气馁，从容迎接挑战，以健全的人格和乐观的处事态度对待同事、对待工作、对待学生。在这所学校里工作，我虚心好学、敬业爱生，使我的教育教学水平得到很大的提高，我在不断进步，也在不断成熟。这几年我在教学上每学年低职高聘，所带班级每学年都被评为优秀班级。2005年我担任了年级组长工作，2006年又通过竞争上岗竞聘到德育处当副主任。这一时期，是我人生的奋斗期，也使我的人格更加稳定，这应该是我人生的第二高峰期。

2006年至2008年我在承担德育处副主任的同时还兼任年级组长和语文教学工作，那也是我工作最繁忙、压力最大的一段时间，2007年高考结束，我所教的学生夺取了自治区文科状元，为学校实现了2005年、2006年、2007年自治区文科状元三连冠的梦想，我也在同年7月考取了国家二级心理咨询师，这一年虽辛苦但收获很多，感慨很多，感恩更多！2011年我参加了市委组织部公选县处级领导干部选拔，以笔试、面试均第一的成绩走上了二中副校长的岗位。做了副校长后，为了做好管理工作同时又不影响教学工作，我每天都工作、备课到深夜，每一天都过得那么充实。2017年我当上了学校校长，2019年又当上了学校党委书记，挑战一直不断，压力无处不在，怀着一颗感恩的心我一路走来，在工作中成长，在压力下成熟，不忘初心，牢记使命，砥砺前行！

对于我的成长经历，我不后悔所走的路，我感谢生活，因为它磨砺了我的意志和耐力，塑造了我的性格和品质，对我以后的工作、生活都非常有帮助，它使我能坦然面对很多事，包括挫折和荣誉。我感谢生活，它让我明白人活着就要不断进取，勇于挑战，尽可能大地发挥个人才能，实现人生的价值。感谢生活！回报生活！

以上是我心智成长的经历，也体现了我的基本世界观、人生观、价值观。

我认为我最好的5个品质是：谦虚好学、热情善良、执着热烈、踏实认真、善于沟通。勤奋好学、谦虚好问使我从同事、朋友身上学到了许多美好的东西，以人之长补己之短；热情开朗的性格，充满善意的言行让我时刻能保持一种乐观博爱的心态；对事物的热烈追求、执着拼搏表现出我的坚忍与刚强；做事认真踏实使我得到了比别人更多的回报，也使我常常能把工作做得较为完美；学会交流、与人沟通增强了我的社会适应能力，让我在竞争激烈的社会中能有自己的位置。

我是一个有极强自制力的人，原则性较强，按照弗洛伊德人格结构3个层次来说，我的本我、自我、超我3者基本上还是处于协调状态，只是感觉偏超我了些。按艾森克的人格结构纬度理论，我是属于外向不稳定性人格类型。

　　我是汉族，有29年的党龄，属于无神论者。我不歧视任何人与民族，愿意与各民族同志结为朋友。我热爱中国共产党，热爱祖国，遵守社会公德，落实"八荣八耻"。我热爱学生，热心资助贫困学生，用爱心去教育、感化每一个学生，并通过学生传播爱，懂得爱自己，爱他人。

　　我童年时心目中的英雄人物是江姐，江姐在狱中备受折磨，宁死不屈，当十指钉满竹签子时，江姐不疼吗？血肉之躯，岂有不疼之理？江姐的一句话我永远铭记：竹签子是竹子做的，共产党员的意志是钢铁。江姐的英雄形象激励我奋斗，潜移默化地影响着我。我想，无数先烈们之所以能够在艰苦的环境中坚持下来，是因为他们心中有一个坚定的信念，这个信念就是革命必胜。从那时起我时常告诫自己：人应有信念，信念是拼搏进取的源泉和动力。

　　我为何要学习心理咨询呢？首先，在学校工作的20年里，我经常会碰到一些问题学生，这些问题学生有一些是属于个人品行的问题，但更多的是一些由于心理不健康而带来的异常行为。当我面对这些困惑的学生、痛苦的家长时，我常常为自己不能够全力帮助他们而深深内疚。其次，看心理医生在以往总会被大家误认为是一种病态，跟精神病联系在一起，因此不少人对心理咨询的认识存在一定的局限性，并且对心理咨询师产生了一些误解。再次，目前我国的心理咨询专业人员严重匮乏，而有心理障碍和精神障碍的患者人数很多，这两者之间比例严重失调。据有关调查，我国每年因自杀死亡的人数已达28.7万人，每年有200万人自杀未遂者，13亿人口中各种精神障碍和心理障碍患者达1600多万人，中国有1.9亿人一生中需要心理咨询和心理治疗，1.5亿青少年人群中受情绪和压力困扰的有3000万人。在美国，每100万人中有1000人提供心理咨询服务，而在中国每1000万人中只有2.4人。在美国，有心理学系的大学有3000多所，而中国有心理学系的大学只有60所左右。面对这个在中国尚算新兴的行业，我觉得从事心理咨询工作也是对自己的一个挑战。

　　起初是一件事刺激了我想学习心理咨询，我在当年级组长时，遇到了这样一位学生：在班里表现得较内向，孤独，不与同学交往，但据家长反映该生在家里非常任性，常为一点小事摔东西，甚至打断父亲的胳膊，用刀砍伤母亲，其父母现在在家里不敢对他大声说话，说话还要看他的脸色。有一天这位学生忽然给老师扔下一张假条说要请假14天，就不来学校上学了，谁劝都没用，班主任很着急，家长更是束手无策。这个孩子明显有严重的心理障碍，可是我们的劝说效果甚微，看着孩子异常的表现，扭曲的心灵，听着父母痛苦的诉说，我的心灵震颤了，我一定要想办法救救这些有心理障碍的孩子。

去年参加一个班主任培训会，主题是"提高班主任人格素养和业务素质，做好新时期班主任工作"。在这个大会上两位优秀的班主任都谈到了对学生进行心理教育的重要性，也深深触动了我。

我决心学习心理咨询知识，做一名优秀的心理咨询师，我认为我有义务，更多的是责任。作为一名心理咨询师，光凭热情还远远不够，需要有过硬的心理咨询工作的专业知识和技能，熟悉各类心理现象，也要有了解和分析自我、调整自我、提高自我的能力，这样才能深入理解和认识咨询对象，以建立良好的咨询关系，给咨询者以帮助。

我对自己的职业期待是，努力学习心理咨询的专业知识，在我校开办心理咨询室，让学生们的苦恼有处诉，心里话有处说，让每一个学生都能愉快学习，健康生活，为我国的学校心理咨询工作尽我微薄之力。这对我个人也是一个挑战，但我愿意迎接挑战，不断进取！

在人生前进的道路上我始终做到：迎接挑战，不断进取！

我和女儿的故事

女儿今年16岁，正值青春期，教育女儿的话题是最让我关注又最让我烦心的事。我与女儿之间的关系有时连我也说不清楚，我与女儿之间的情感已远远超出了母女之情，我与女儿的故事温润、温暖、温馨……

等待的过程是温润的

没有一个父母不希望孩子学习好，成绩优异，望子成龙，望女成凤是天下父母共同的心愿。

女儿上初中时，学习成绩稳步前进，我十分满意，每次考好了，我都会有物质奖励，什么毛毛熊玩具，吃肯德基，放三天假自主安排等。那时我沉醉在女儿的进步中，想着法子给女儿鼓励，满足她的要求。母女二人自尊心都得到了极大的满足。

进入高中第一次月考，女儿英语、数学、物理均出现失误，成绩不理想。我看了成绩后失望极了，那种痛比我犯了错还强烈。我一时冲动做了件至今想起来还令我后悔的事——动手打了女儿。

女儿哭了，哭得很伤心也很委屈，那晚我们谈了很久，我坚持认为进入高中女儿没有努力学习，女儿始终不服气，埋怨我不理解她，谈话以我强制性制定期中考试名次而不欢而散。

当晚，我失眠了，静心思考：我作为一名教育工作者，开家长会时反复给家长讲对孩子要多疏导，少打骂，孩子都有学习好的愿望，没考好肯定有原因，要帮助孩子分析原因，找出解决办法。今天事情落到我身上，我平时的教育理论都到哪去了？

197

刚升入高中的学生，心理上和知识上都有一个适应过程，孩子要适应新环境、新老师、新同学、新教材，对孩子来说一切都是新的，我要给孩子一个过程呀！有哪一朵花是一下就完全开放了的？

静等花开，等待的过程是温润的……

分离的过程是温暖的……

女儿中考结束后，去了一趟北京。

凌晨两点送走女儿，我顿觉轻松了许多。早晨刚睁眼，就看见手机上一条短信息：妈妈，快到嘉峪关了，一夜未眠，十分兴奋，带的吃的已消灭了不少。我很随意地回了一条信息：照顾好自己。

一个星期后，我莫名产生了一些失落，总觉得心里空落落的，女儿第一次一个人远离家，每天游程紧张，发来的信息都是报告：很好玩，很高兴。不曾提想家的事。

半个月过去了，我已记不清给女儿发了多少条信息，每天还要打电话。

一天晚上收到女儿的一条信息：妈妈，我想家了，今晚没有月亮。我能想象女儿发这条信息时一定哭了，离家这么多天的情感在这无月的夜晚，在他乡异地通过这12个字传递着。我心里也很难受，想想孩子第一次离开家就走了这么远，这么久，后悔当初送她去北京的做法了，可转念又一想，这次北京之行是她青春期一次特殊的经历，将来也许会成为她人生的一笔宝贵财富呢！我擦干眼泪给女儿回了信息：孩子，你总要长大，总要离开父母学会独立生活的，只是你比别的孩子提前了一些，妈妈相信你一定能坚持。

一个月的行程结束了，女儿坐上回家的火车给我发了一条信息：妈妈，我到家时，你们不要去车站接我，让我自己回家好吗？我心中一喜：女儿长大了！

分别的日子除了有无尽的思念和牵挂，分别的过程也是温暖的……

沟通的过程是温馨的……

一天晚上，我在外面吃饭，女儿打来电话："妈妈，你能早点回来吗？"

我忙问："有事吗？"

"反正你早点回来，好不好？"女儿的声音里充满急切和恳求。

一进家门，没等我开口，女儿就迫不及待地问："妈妈，你发现我最近有什么变化吗？"

我不解地看着女儿，上下打量着她，脑子搜索着女儿这几天的表现："没有呀，妈妈觉得你和以前一样。"

"你真没有发现什么？"女儿追问。

"出什么事了，快告诉妈妈好吗？"这会儿是我耐不住了。

女儿看我什么也没有发现，显得有些失落，停顿了一会说："已经一个星期了，我想了想还是要告诉你，你要替我保密，再帮我出个主意。"

我很严肃地点点头说："好，妈妈一定做到。"

原来女儿初中时的一个男同学告诉她：他喜欢她。女儿为此焦虑了一周，不知该怎么办？我松了口气，女儿遇到青春期男女生交往的问题了。

我对女儿说："妈妈很高兴，你能这样信任妈妈。你是怎么考虑的？"

"我不知道吗，所以才告诉你，我们以前都是好朋友，我不想伤害他。"

我明白了，女儿并不想和这位男同学深交，可又怕处理不好影响了友谊，所以烦恼。

我笑着告诉女儿："这位男生能喜欢你，说明你很优秀呀，你身上有他认为其他女孩子所不具备的优点，青春期男生、女生产生对异性的喜欢是正常的感情，这和恋爱从本质上有区别，你不要太担忧。告诉你那位同学：春天就做春天的事情，妈妈相信你能处理好的。"

女儿笑了："妈妈和你交流真温馨……"

教育女儿的过程痛并欣慰着……

为建校70周年学生作品集《春芽》所作

同学们：

手捧的这本文集是哈密地区第二中学"喜迎七十华诞，又逢迁建盛事"的见证，感谢您成为它的读者。

70年风雨兼程，哈密二中踏着时代步伐，砥砺前行，自强不息。众多学子在这里成长、成才、成功，如今的二中真可谓桃李满天下。

从一个东疆小城的普通中学到现今跻身全国百强高中行列，哈密二中始终以改革发展为动力，以提高办学质量为核心，以教师队伍建设为关键，以自强不息、厚德载物的二中精神为支撑，通过一代代二中人的努力拼搏，成为天山脚下一颗闪亮璀璨的教育明珠。这其中包含着社会各界对二中的厚爱，也闪耀着全体二中师生奋斗的足迹。

还记得你们满怀理想和希望走进二中，开始了人生最美好、最难忘的一段旅程。在二中，你们执着地追求着，无悔地付出着，在课堂上享受着快乐，在考试中体验着成功，在活动时展现着风采，校园处处都留下了你们青春拼搏、努力奋斗的足迹。看到你们的成长，老师们从心里为你们高兴！而你们伴随着母校成长的历程，将定格在学校发展的历史上，成为二中最大的骄傲和自豪！

同学们，二中给予你最宝贵的是什么？知识？不！是在紧张的学习和压力下培养出的坚韧、刻苦、认定目标永不言弃的意志和"敢于亮剑"的精神。它们不仅是你实现梦想的力量所在，也是你今后人生道路上战胜各种困难，迎接各种挑战的最宝贵财富。这也正是二中的精神所在，是你们传承了二中文化和二中精神，老师感谢你们！

一所学校的精彩，在于她的文化；一所学校的品位，在于她的精神。你们用自己最美的青春为二中增添了迷人的光彩，你们用自己不懈的努力为二中提升了品位。

翻阅着一篇篇精美的文章，如诗的语言，闪动着青春的身影；如歌的文字，跳跃着无悔的拼搏。它让人情牵，更让人心动，因为它记载着你们成长的足迹，因为它见证着你们奋斗的历程。

在这里，来自你们心底对母校最真挚的祝福在静静流淌；在这里，我看见你们走过了那一季最灿烂的青春；在这里，我听见了你们花开般最美妙的声音；在这里，我更感受到了你们对成长最真切的思考……

希望你也能从这本书中感悟到良好习惯的益处，感受到追逐梦想的力量，感知到拼搏进取的精彩，感触到人性美德的光辉。

70年校庆的盛典将会洋溢着欢歌，展现着追求，彰显着成绩，透射着底蕴，流淌着文化，高扬着精神……

2010年新年致辞

亲爱的同学们：

每当雪花飘来的时候，我们就仿佛听到了新年的钟声，在神州大地已然是北国风光，千里冰封，万里雪飘的年头岁尾，也就到了该说一声"辞旧迎新"的话语了，可是同学们，我怎能像以前那样轻松地祈福，那样平静地祝愿……

2009年，中国人民在应对国际金融危机中，经受住了国家经济能力和政治发展的双重考验，进一步彰显了执政党的凝聚力和社会主义制度的向心力，中国特色政治发展道路在世界范围内赢得了更大的认同。

2009年，中国人民迎来了中华人民共和国成立60周年，当阅兵方队雄赳赳，气昂昂地走过天安门广场，铁流滚滚，大地共鸣，中国人无不为之自豪。

2009年，哥本哈根气候变化会议，中国承诺：到2020年中国单位国内生产总值二氧化碳排放比2005年下降40%～50%。

2009年，北京大学推出"中学校长实名推荐制"，引起社会激烈争论，高考改革，诚信为先。

2009年，新疆发生的"7.5"事件，让我们更加珍惜民族团结，更加维护祖国统一，同时也让我们看到了法律的公平、公正。

2009年，我们深切地感受着以人为本的温暖，在中国特色政治发展道路上更加自信，更加坚定。

2009年，我们不能忘记09届全体师生的拼搏奋斗，不能忘记马强、周子涵、宾运辉、刘垚4名考入清华大学的同学，谢小龙、邹露潇、林玥妍3名考入北京大学的同学，他们为我校的高考再创辉煌，哈密地区二中已成为哈密的一张亮丽名片；不能忘记荣获首届"校园之星"的王亚飞、范雯琪、党晶、张静怡、张志鹏、赵天宇、"暖烛之家"公益社团负责人1114班王洪翔、1108班"志愿者"分队，你们用自信、坚强写出了青春的绚丽华章；不能忘记全校师生为防控甲型H1N1流感所做的努力；不能忘记同学们为地区一中美克拉伊同学献出的点点爱心……

同学们，2009年为我们留下了太多的记忆和感动，也为这个即将成为新一段历史的岁月铭刻下太多的印痕和眷恋——为我们强大的祖国骄傲吧，为我们亲爱的母校自豪吧，这骄傲和自豪让我今天一并送给你们！

学校是把自然人变成社会人，让人成人的地方，学习不仅仅是读书和上课，实践能力更为重要，"纸上得来终觉浅，绝知此事要躬行"，我希望同学们在学校不仅能成为一个学习好的同学，更希望同学们能适应新课改的需要，成长为一个符合社会需求、时代需求的新人。

中国的青年在任何时候都注定要时刻接受祖国和人民的考验，我相信同学们一定会用你们的意志和坚强证明90后是完全可以信赖的新一代青年。

最后，我送给同学们三句话：

第一，学，别偷懒。

第二，快学，别磨蹭。

第三，用心学，别马虎。

祝同学们新年里：立大志，做小事，成就学业！

谢谢大家！

2017年新年致辞

亲爱的老师们：

先向大家问声新年好！

一元复始，万象更新，在这辞旧迎新、继往开来、幸福激动的时刻，我谨代表学校党政工团，向一年来辛勤耕耘、努力工作的全体教职员工致以新年的祝贺和节日的问候！

过去的一年，在各级领导和社会各界的关心与支持下，二中人怀揣着美好的理想，承载着社会的重托、家长的厚望、学生的期盼，迈着坚实的步伐一路走来。

2016年，我们师生适应新环境。学校搬迁新校区后办学条件明显改善，工作环境宽敞舒适，生活物资尽力保障，我们以校为家，工作在这儿，生活在这儿，适应了这儿。

2016年，我们办学达到新规模。学校顺利完成3年扩招任务，连续引进几十位优秀教师，让更多孩子享受到优质教育资源，让更多志同道合者在二中成功、成名。

2016年，我们努力攀登新高度。学校党委遵规守纪把方向，全体党员创先争优做表率：党委换届、支部改选确保程序严格，两学一做、四好教师活动扎实开展，民族团结结硕果，扶贫攻坚不怕难。学校党政凝心聚力谋发展，全体教师奋力拼搏创佳绩：教学改革持续深入，高考取得历史突破，德育活动丰富多彩。校园文化建设初具规模：楼道文化明德益智，焦裕禄书屋花落二中，名家讲座走进课堂，地区中小学运动会精彩纷呈。

2016年，我们喜获各项新荣誉。学校获得全国五一劳动奖状、2011—2015年全国法治宣传教育先进单位、哈密市民族团结进步先进基层党组织、自治区平安校园等荣誉。

感谢市委、市政府和上级教育主管部门的长期支持，感谢二中人一直以来的踏实、勤奋、苦干、奉献，感谢援疆教师克服困难、别家离亲的千里援助，感谢服务岗位工作人员的大力协助！借此机会，向所有人和你们的家人表示衷心的感谢！

老师们，旧岁已展千重锦，新年再进百尺杆。回首过去，学校发展历程中的每一次闪光，总令我们欢欣鼓舞；展望未来，"文明二中、美丽二中、健康二中"目标正在实现，我们深感任重道远。让我们的校园绿起来，亮起来，净起来；让我们的老师理念更新，视野更广，思路更宽，实力更强，生活更好，身体更棒；让我们的成绩更骄人，让我们的明天更美好！

最后，祝福各位老师新年愉快、身体健康、工作顺利、阖家幸福！在新的一年里收获更多快乐、更多成功、更多幸福！

祝愿我们的学校欣欣向荣，蒸蒸日上！

2014年教师节先进教育工作者发言稿

尊敬的各位领导、老师们：

大家好！在第30个教师节到来之际，我能参加今天的教育工作座谈会并代表教育系统先进工作者发言，心情非常激动也倍感荣耀。首先，请允许我代表二中全体教职工向出席今天大会的各位领导、来宾表示衷心的感谢！

近十年来，地区二中在地委、行署的正确领导和关心支持下，通过二中人的努力拼搏，使学校荣获自治区示范高中、自治区德育示范校、自治区依法治校示范校称号，也让哈密老百姓的孩子考出了10个新疆文科状元，可谓英才辈出，业绩卓著。先后有40名学生考入清华大学，50名学生考入北京大学，75名学生考入复旦大学。二中获得了清华、北大、复旦大学校长实名直推生资格，地区二中作为哈密的教育品牌已被列入全国一百强顶尖高中行列。

二中取得今天这样的骄人业绩靠的是地委、行署和地区教育行政部门的正确领导和大力支持，靠的是二中人敢于担当和不断推进的学校"用人机制和分配机制"改革。十几年来改革之所以能够坚持推进并不断深化，得益于地委、行署和上级教育部门给予二中的政策支持、改革支持、人才支持、资金支持。

特别是从今年秋季开始，全地区实施普通高中"三免一补"政策，这是地委、行署给哈密老百姓办的一件大好事，使哈密教育提前进入十二年免费教育，让更多的改革发展成果惠及各族群众，对全面提高哈密人口整体素质，促进哈密社会稳定和长治久安起到了不可估量的作用。

2012年3月20日二中新校区在地区领导和社会各界的关心支持下动工开建，新校区占地面积210亩，投入近3亿元，全部设施按照示范性高中标准建设，工程已进入最后验收阶段。新校区的建成将为二中的教育教学工作创造更加优美的环境和更加先进的教学条件。二中新校区建成后，我们将按照地委、行署领导制定的"确保全疆一流，争创全国一流"的发展目标，努力做到"学校管理一流，办学设施一流，师资建设一流，校园文化一流，育人水平一流"。

作为二中人，我们热爱哈密这片热土，热爱这片土地上的人民，热爱我们的学生；作为二中人，我们更明白自己的职责。二中取得今天这样的成绩，来之不易，巩固和提高今天的成绩需要地委、行署领导的关心和支持，更需要二中人拼搏进取，开拓创新。办人民满意的教育是二中人践行党的群众路线教育实践活动的不懈追求！

最后祝愿哈密的教育事业蒸蒸日上，祝福老师们节日快乐、身体健康、万事如意！

谢谢大家！

关于深入推进卫生城市创建的建议

国家卫生城市和国家环保模范城市，是我国城市环境卫生和环境保护领域的最高荣誉。为了拿到这两块展示城市实力和形象的"国字号"招牌，我市近7年已做了不懈努力，积淀了良好基础。开展"创卫"工作目标任务，就是让我市天更蓝、水更清、草更绿、空气更洁净、市容更优美、食品更安全，居民生活更有尊严、更加健康、更加幸福。我市"创卫"工作要坚持依法创建、科学创建、人人创建、和谐创建的基本原则，人人参与，全市行动，扎实深入地开展创建国家卫生城市工作。

自2011年3月初以来，哈密市按照社会管理年的要求，以创建国家卫生城市为切入点，以"新疆效率""哈密速度"为要求，全面加强城市的建设、管理和服务，专项整治有损城市市容及环境卫生的八乱现象，即乱扔、乱倒、乱吐、乱画、乱贴、乱挂、乱烧、乱便溺，以及随意穿花园、过草地破坏草木等违法违规行为，并通过对城市的硬化、亮化、绿化、净化、美化，努力将哈密市打造成为新疆东部中心城市、宜居城市和魅力城市。

创建国家卫生城市工作涉及城市的每一个细胞，每一处角落，是事关城市建设、管理和服务的综合工程，对照国家卫生城市标准，我们深感任务繁杂而艰巨，我们将坚持"政府组织、上下联动、左右配合、属地管理、行业监管、单位负责、全民参与"的领导体制和工作机制，重点加强城市道路、垃圾中转站、公厕、市场、停车场、城中村的改造建设；重点对市容环境、公共场所、居民小区和城乡结合部卫生以及食品安全进行整治。

对此，我提出以下几点建议。

一、加强组织领导，不断完善工作机制

一是创建国家卫生城市，这是创建国家环保模范城市的前提。要对照创建国家卫生城市的标准，全面开展我市环境卫生治理整顿，急迫解决一些如全民创建国家卫生城市意识有待强化，市容环境管理与整治存在盲区和死角，尤其是一些老旧小区环境卫生面貌没得到改善等问题，加快提高城市整体环境卫生水平。建立市级领导"创卫"工作值班制度，四套班子分工包片，进行部署督查。二是进一步完善"创卫"工作机制，区属单位部门实行属地管理，以块为主，条块结合，分级负责。

二、深入宣传教育，营造"创卫"社会氛围

（1）组织全市报纸、电台、电视台等大力开展"创卫"宣传工作，引导广大群众自觉养成节能、低碳、环保、绿色、卫生、文明的生活方式和行为习惯，让群众感受到创建国家卫生城市给自己生活带来实实在在的好处，让群众理解并参与其中，努力打造创建国家卫生城市的民心工程。

（2）要增加创建国家卫生城市宣传力度。在城市入口和主要广场设立宣传牌，组织电信部门发布创建国家卫生城市的短信，组织在公交车、出租车上发布"创卫"宣传标语。

（3）加强文明素质教育，提升市民综合素质。坚持以人为本，把提高人的素质、促进人的全面发展、优化人文环境贯穿"创卫"工作全过程。培养市民的文明习惯，使广大市民成为"创卫"工作的支持者、参与者和最终受益者。

三、增进协作合力，加大环卫整治力度

进一步明确"创卫"工作重点，按各自职责迅速制订本部门的实施计划，按照工作进度要求，严卡时间节点，细化措施，强化保障，狠抓落实。

（1）大力开展爱国卫生运动。重点突破，开展环境卫生综合整治。突出解决乱倒垃圾、乱泼污水、乱扔纸屑、乱扔烟头食品包装袋、乱搭乱建、乱堆乱放、乱贴乱画、乱拉乱挂、乱停乱放、占道经营、公共娱乐场所环境脏乱等问题。把除四害（老鼠、苍蝇、蟑螂和蚊子）工作做深做细做扎实，切断引发

传染病的传播途径，适当在老旧小区增设垃圾果皮箱等基本卫生设施。

（2）加强绿化建设。抓住主城区增绿这一重点，强化薄弱环节，做好重点地段的绿化工作。既要抓好城区道路、河道绿化建设，又要抓好单位庭院和老旧小区的绿化建设，不留盲区，全面完成城市硬化、亮化、绿化、净化、美化工程，大力改善环境质量。

四、强化司法手段，严肃执法监管制度

（1）设立环境保护法庭，受理环境公益诉讼，助推我市"创卫"工作。

（2）彻底清除街头的"牛皮癣"和"黑广告"。

五、加大资金投入，建立多元投资体制

加强对环境卫生和公共卫生基础设施建设的投入。

（1）在财政预算中，列支"双创"各项专项经费。

（2）积极争取国家国债资金、城市建设专项资金等支持。

（3）拓展融资渠道，积极争取开发银行等金融机构的支持。

（4）政府积极引导社会和个人资金进入公共服务领域，进一步加大资金筹集力度。

六、健全完善制度，建立长效管理机制

"创卫"活动必须加强城市管理，提高管理水平。坚持"三分建设，七分管理"的原则，建立精细化管理长效机制，努力提高城市管理水平。进一步理顺市区卫生保洁体制，建立"统一清扫管理，清扫与监督分离"的科学清扫保洁机制，提高环境整洁程度、公共卫生和处置突发公共卫生事件能力，大力开展健康教育，加大对市容环境整治力度，进一步落实食品安全、病媒生物防治（除四害）和传染病防治工作。

让我们全市各行各业各单位及广大市民充分发挥自身主体作用，为建设天蓝地净、卫生文明、和谐幸福的美丽哈密而努力。

焦裕禄书屋揭牌仪式解说词

尊敬的刘剑书记、焦守云女士、董伟社长、各位领导、各位嘉宾：

欢迎大家走进哈密二中"人民日报出版社焦裕禄书屋"。书屋内的装修、桌椅、8000册图书，均由人民日报出版社出资捐助。

非常感谢人民日报出版社、哈密市委、河南省援疆指挥部的大力资助并将焦裕禄书屋选址在哈密二中。

哈密二中始建于1945年，文化积淀深厚，办学成绩优异，是一所自治区级示范性高级中学、德育示范校、依法治校示范校。学校于去年6月整体迁入现在这所规划齐整、布局合理、功能齐全、设备先进的新校区。

哈密市委、行署对教育高度重视，倾力投入，目前已实现了从学前到高中15年免费教育。面对政府的重托，人民的厚望，学校适时提出了"确保全疆一流，争创全国一流"的发展目标。寻求更强大的精神动力，寻找更科学的办学之路，成为全校师生的迫切需要。"好雨知时节，当春乃发生"。结合"两学一做"学习教育的不断深入推进，在哈密已经鲜明地、具体地、生动地转化为各级干部的实际行动，焕发出新时代党员干部的新形象，涌现出了以阿布列林·阿不列孜为代表的学习弘扬焦裕禄精神的一大批模范代表，焦裕禄精神越来越让我们感到振奋。

我们学习焦裕禄精神，尤其是焦裕禄同志的二女儿、焦裕禄干部学院名誉院长焦守云女士先后5次来到哈密，讲述焦裕禄的事迹，并赠送由她撰写的《我的父亲焦裕禄》一书。

焦裕禄同志的公仆情怀、求实作风、奋斗精神、道德情操，深深感动着我们，时时激励着我们！给了我们巨大的精神动力、智力支持。我们渴望进一步走近焦裕禄。

现在，哈密二中、巴里坤县、伊吾县焦裕禄书屋的建成，给我们学习、弘扬焦裕禄精神搭建起一个具体的平台，为我们促进焦裕禄精神向基层延伸，向学校、向青少年延伸提供了有力的支持。焦裕禄的光辉事迹、高尚情操、崇高形象将影响着每一位师生，让每一个走进书屋的人灵魂得到净化、斗志得以激励、修养得到提升。这里丰富的藏书，必将扩大师生的阅读空间，满足师生对精神文化的需求。尤其是对于正在成长的孩子们宣扬焦裕禄精神，意义重大，真正做到"教育从孩子开始，传承从孩子开始，践行从孩子开始"。

我们将学习并弘扬焦裕禄精神，切实做到"亲民爱民、艰苦奋斗、科学求实、迎难而上、无私奉献"，按照市委、市政府领导制定的发展目标，努力做到"学校管理一流，办学设施一流，师资建设一流，校园文化一流，育人水平一流"，办人民满意的教育。

再次感谢人民日报出版社、哈密市委、河南省援疆指挥部，感谢各位领导的光临。我的介绍就到这里，谢谢大家！下面请各位领导自行参观。

李超老师个人画展开幕式讲话稿

尊敬的各位领导、各位朋友们：

大家上午好！

今天是周末，各位领导和朋友们牺牲了休息时间参加我校李超老师的个人画展开幕式，充分体现了大家对一个年轻人的关注和鼓励，对艺术的尊重和热爱。在此我代表地区二中和李超本人对各位的光临表示热烈的欢迎和衷心的感谢！谢谢大家！

同时我还要感谢地区文体广新局、地区文化馆、地区图书馆对李超老师举办个人画展给予的大力支持和帮助，这是对一个年轻人进行艺术创作提供的最好机遇和最大平台。谢谢你们！

李超老师2008年毕业于新疆师范大学美术学院油画系，同年进入我校担任美术教师，从2007年至今已有多幅作品获得自治区和地区奖项。多年来，李超老师利用周末和节假日深入大自然进行写生创作，巍巍天山、茫茫戈壁、丝绸古道、田园乡间都留下了李超老师创作的身影。炎炎烈日，凛凛寒风，从春到夏，从秋到冬都见证了李超老师对艺术的追求。家乡的蓝天白云、高山流水、绿树农田、村庄人家都成了李超老师笔下最美的风景。李超老师的画作展示了一位年轻画家成长的足迹，一幅幅作品流淌的是对家乡的热爱，是对哈密人民和谐美好生活的赞美。

我相信：勤奋是献给成功最好的礼物，李超老师热爱艺术的专注，上下求索的精神，一定能使他的作品不断进步，不断成熟。

最后预祝画展圆满成功！祝愿李超老师的艺术之路越走越宽！

也希望各位朋友留下你们的宝贵意见。

谢谢大家！

在北京大学图书角落成仪式上的讲话

北京大学校友会的各位领导、亲爱的同学们：

下午好！空间上，哈密距北京很远，心底里，我们感觉离北大很近。今天，在遥远的西北，在边陲哈密，北大校友团来哈密二中捐赠图书。我代表学校向各位贵宾表示最热烈的欢迎。

"红楼飞雪，一时英杰，先哲曾书写，爱国进步民主科学。忆昔长别，阳关千叠，狂歌曾竞夜，收拾山河待百年约。"一曲《燕园情》唱出了北大的胸襟与气度，"燕园情，千千结，问少年心事，眼底未名水，胸中黄河月。"也唱出了万千卓越学子的敬仰与追求。

从1997年到2017年的20年间，哈密二中共有62名学子考入北京大学，今年还将有几名学子荣登北大殿堂。梦圆北大固然可喜，向北大看齐、追求卓越的精神和品格更难能可贵。既心系天下，又不捐细流，北大校友团代表在百忙之中心系家乡学子，亲自送书到学校，我们体会到的是满满的亲切、感动，我们欣喜，因为榜样就在身边，偶像就在眼前。

学校专门在焦裕禄书屋开辟北大图书角，这不是简单的多一些书籍，更是为同学们打开了一扇了解北大的窗口，开辟了一个获取强大正能量的通道。相信看到北大图书角标牌的每一个同学，心中必有所触动。学校热切地期盼二中的学子能像北大校友一样，既仰望星空，又脚踏实地，让优秀成为一种习惯；既追求幸福，又心系天下，让青春承载一份担当。

再次感谢北大、北大校友团对二中的厚爱。祝愿有更多的二中学子考入北大，也祝愿二中学子以北大校友为榜样，有厚重的家国情怀，以天下为己任的担当，学业有成、人生精彩！

谢谢大家！

在学校庆祝第32个教师节
暨表彰奖励大会上的讲话

各位老师：

节日好！

"欣逢盛世百业兴，杏坛花开别样红。"今天，我们隆重召开庆祝第32个教师节暨表彰奖励大会，对上一学年中涌现出的优秀年级主任、优秀班主任、优秀教研组、优秀师徒、优秀服务工作者进行表彰，对今年高考做出突出业绩的16届教师进行奖励，对在教育教学上业绩突出的教师进行低职高聘。我认为这些表彰和奖励既是对教师节的献礼，更是对一学年来辛勤工作在教育教学第一线，为二中教育事业做出贡献的教师们一份小小的回报。在此，请允许我代表学校党委、行政向长期以来默默耕耘、无私奉献的全校教职员工致以最美好的祝福和最衷心的感谢！向即将受到表彰的教师们致以最热烈的祝贺和最崇高的敬意！

2016年，在市委、市政府和教育主管部门的正确领导下，我校获得了全国"五一劳动奖状"、2011—2015年全国法制宣传教育先进单位、哈密市民族团结进步先进基层党组织等荣誉，并参与了"法治新疆——天山行"大型直播活动。8月16日由人民日报出版社出资捐助33万元、8000册图书、以焦裕禄同志名字命名的焦裕禄书屋在我校挂牌，成为全国建设焦裕禄书屋的模板。2016年我校高考再创佳绩：重点上线率64.49%，本科上线率93.02%。文科考出自治区第三、第四和第六的优异成绩，文理科600分以上共有107人，高分群体的数量达到近年最高峰。考入清华大学5人，北京大学6人，香港中文大学2人，复旦大学4人。还有众多学子考入自己理想的大学。

丰收的果实里凝聚着广大教职员工的汗水和智慧，在此，我谨代表学校向为学生的成长呕心沥血、倾注智慧爱心的教师们表示衷心的感谢！向为2016年高考做出贡献的全体教职员工致以最崇高的敬意！

百年大计，教育为本；教育大计，教师为本。创建名校，就要培育一大批高素质的教师队伍，就要精心编织人才培育的摇篮。二中要实现"地区领先、全疆一流、国内知名"的发展目标，必须继续抓好两支队伍建设，着力培养一批教学能手和学科带头人，培养一大批师德高尚、业务精良的骨干教师队伍，培育一支教育有方、成绩卓著的名师队伍。学校将在培养人才、打造名师方面花更多的精力，投入更多的资金，通过更科学的用人机制和激励机制，进一步做好人才的选拔、使用、培养。同时，学校也将继续创建宽松和谐的工作环境，使大家发展有奔头，事业有干头，工作有劲头，做一个幸福的二中人。

各位老师，教育是决定未来的事业，教师是铸就灵魂的职业。哈密二中过去的发展与成就，凝聚了广大教育工作者的汗水和心血；哈密二中未来的辉煌和灿烂，更需要每一位教育工作者去创造。我们希望获奖的教师们戒骄戒躁，再接再厉，希望全体二中人继续发扬团结、求实、开拓、创新的作风，发扬不甘落后的拼搏精神。全体二中教师，为人师表，做道德行为的示范者；严谨笃学，做传播知识的学术家；创新思维，做学生成才的引路人，争做"四有好教师"。更希望年轻教师成长在二中、成功在二中、成名在二中，为创建文明二中、美丽二中、健康二中而不懈奋斗！

最后，祝广大教职员工节日快乐，身体健康，家庭幸福，事业有成！

在学校庆祝第33个教师节
暨表彰奖励大会上的讲话

各位老师：

先给大家鞠个躬，再问一声节日好！

寒来暑往，巧匠呕心雕美玉；年复一年，严师沥血育英才。借着十九大即将召开的喜讯，在全运会和金砖五国峰会的欢快气氛中，我们迎来了第33个教师节。

此时此刻，我倍感喜悦和欣慰，因为刚刚过去的17届高考取得了辉煌的成绩：赵寒雨同学以665分的高分，摘取自治区高考文科状元，成为我校第11个全疆文科状元。更值得骄傲的是665分也是全疆历届文科状元中裸分最高分！今年我校有5人考取清华大学，3人考取北京大学，1人考取香港中文大学。另有大批优秀学子分别考入复旦大学、浙江大学、国防科技大学、上海交通大学、中国人民大学、上海财经大学、中央财经大学、北京航空航天大学、南开大学、同济大学等全国一流大学。今年我校一本上线率高达66.6%，再创历史新高。"功崇惟志，业广惟勤"，这是咱们二中人持续秉承坚持改革、无私奉献、团结协作、攻坚克难的优良作风的结果。

孟子云："君子有三乐：父母俱存，兄弟无故，一乐也；仰不愧于天，俯不怍于人，二乐也；得天下英才而教育之，三乐也。"面对骄人的成绩，我想老师们和我一样不只是感到实现了职业价值，更加体会到了职业的幸福感！

此时此刻，我倍感喜悦和欣慰，因为又有一批优秀的教师和部门脱颖而出：他们中有学校特级教师、学校名师、十佳青年教师、优秀师徒、优秀教

217

研组、优秀年级主任、优秀班主任、低职高聘教师、优秀服务工作者等。

在此，向这些教职工表示热烈的祝贺和崇高的敬意。古罗马哲学家西塞罗说，遇到的困难越多，得到的荣誉也越大。他们正是在克服一个个困难的摸爬滚打、披荆斩棘中，才取得了优异的成绩；他们正是在勤学、好问、求是、多思的精神引领下，才成为我们学习的榜样。他们的成功不是获得荣誉时，而是一直走在获得荣誉的路上。希望我们能在榜样的引领下，以学聚贤，与志同道合的伙伴们砥砺前行。

此时此刻，我倍感喜悦和欣慰，因为又有一批优秀的教师加入了我们二中这个大家庭。有我们新入职的20位年轻教师，还有7位经验丰富的援疆教师。我记得中央电视台《朗读者》节目第一期的主题词是"遇见"，从某种意义上说，世间一切，都是遇见。冷遇见暖，有了雨；冬遇见春，便有了岁月；天遇见地，才有了永恒；二中遇见你们，事业更有了活力。习近平总书记曾这样寄语青年："现在，青春是用来奋斗的；将来，青春是用来回忆的。"是的，奋斗的青春最美丽！希望年轻教师能秉承家国情怀，筑牢学问根基，胸怀育人理想，张扬青春朝气。同时也希望河南援疆教师能把你们严谨、善导、求真、慎行的作风带给我们，让二中老师感受求知的魅力，收获思想的启迪。

此时此刻，我倍感喜悦和欣慰，因为我们即将迎来党的十九大。党的十九大，要明确举什么旗、走什么路、以什么样的精神状态、担负怎样的历史使命、实现怎样的奋斗目标。常问路的人，不迷失方向。道路决定命运。只有坚持党的正确领导，依靠市委市政府支持，我们二中才能取得更大的成功。作为教师，我们也应积极唱响中国道路、中国精神和中国力量，彰显中国元素，树立中国形象，坚定中国自信。不忘初心、砥砺奋进，把自己发展成为有宽厚文化基础、有更高精神追求的人，有明确人生方向、有生活品质的人，有理想信念、敢于担当的人。

老师们，学生的成长和学校的发展没有灵丹妙药，需要静心思考，静心雕琢，静心坚守。需要脚踏实地的躬行者，坚韧不拔的引路人。我希望老师们都能静下心来教书，潜下心来育人；希望老师们远离浮躁、涵养德行、宁静致远；希望老师们手不释卷，勤学静思，向专业成长要质量，向高效课堂要质量，向团队互助要质量，向家校合作要质量。我相信，所有的付出和汗水必将为咱们为二中赢得一个更加美好的未来。

老师们，回顾过去，硕果累累；展望未来，任重道远。

只有不断地挑战自我、完善自我，才能目送学子的渐行渐远，遇见自己人生的厚重沉静。

最后，祝老师们身体健康、工作愉快、万事如意！

在学校庆祝第34个教师节
暨表彰奖励大会上的讲话

老师们：

节日好！

丹心育桃李，赞语颂师恩。今天，我们欢聚一堂，隆重庆祝第34个教师节，感受身为教育工作者的幸福和自豪。在此，请允许我代表学校，向长期以来默默耕耘、无私奉献，用心血和汗水、学识与智慧，为党的教育事业、为学生的终身发展、为学校的改革创新而奋战在教育教学、教研和管理服务一线的全校教职员工致以最美好的祝福！

一年来，在市委市政府和教育工委的正确领导下，在社会各界的关心支持下，学校认真贯彻落实党的十九大精神，以习近平新时代中国特色社会主义思想为指导，紧紧围绕社会稳定和长治久安总目标，不忘初心，牢记使命，做人民满意的教师，办人民满意的教育，不断加强学校内涵建设，加强师德师风建设，广大教职工的精神面貌呈现出健康向上、拼搏进取的良好状态。不断深化教育教学改革，全面提升了学校教育教学质量。高考连年高位攀升，2018年我校高考又创佳绩：680分以上3人，670分以上11人，文理科600分以上多达165人，其中28人进入自治区前百名。有8名同学被清华大学和北京大学录取，7名同学被复旦大学录取。145人考入985大学、420人考入211大学，考入985、211大学和双一流大学的学生数量显著增加。

成绩的背后镌刻的是二中师生夜以继日的拼搏，铭记的是二中师生坚持不懈的奋斗。在此，我谨代表学校为学生们的成长呕心沥血、倾注智慧和爱心的教师们表示衷心的感谢！为2018年高考做出贡献的全体教职员工致以最崇高的敬意！

"师者，人之模范也。"习近平总书记强调，一个人遇到好老师是人生的幸运，一个学校拥有好老师是学校的光荣，一个民族源源不断地涌现出一批又一批好老师则是民族的希望。今年教师节我校教师王向阳在全市庆祝大会上作为班主任代表发言；李霞主任、王新莉老师作为教师代表受到市委市政府领导的亲切慰问。这充分体现了市委市政府对教育的重视、对教师的关心。今天我们也要表彰奖励一大批优秀教师和优秀服务人员，这些教师身上也体现了新时代人民教师献身教育、甘为人梯的崇高境界，任劳任怨、呕心育人的可贵品质，以人为本、情系学生的时代精神。

百年大计，教育为本；教育大计，教师为本。创建名校，就是要培育一大批高素质的教师，就是要精心编织好人才辈出的摇篮。我们二中要实现"区域领先、全疆一流、国内知名"的发展目标，必须继续抓好两支队伍建设，着力培养一批教学能手和学科带头人，培养一大批师德高尚、业务精良的骨干教师，打造一支名师队伍。学校将在培养人才的问题上，在政策留人、感情留人、待遇留人、事业留人的问题上投入更多资金，建立更为科学的用人机制和激励机制，要努力创建宽松和谐的工作环境，让教师们在岗位上有幸福感，事业上有成就感，社会上有荣誉感。

各位教师，教育是决定未来的事业，教师是铸就灵魂的职业。哈密二中过去的发展与成就，凝聚了广大教育工作者的汗水和心血；哈密二中未来的辉煌和灿烂，更需要每一位教育工作者去创造。

希望教师们坚定理想信念，争当先进思想的传播使者；涵养高尚情操，争当行为世范的职业楷模；优化知识结构，争当学高为师的行家里手；永葆仁爱之心，争当广大学子的良师益友。

希望全体教职工努力践行习近平教育思想，落实立德树人根本任务，担当作为，加快二中教育改革发展，为二中的美好未来不懈奋斗！

最后，祝广大教职员工节日愉快，身体健康，家庭幸福，事业有成！祝我们的明天更美好，二中的事业更辉煌！

谢谢大家！

在学校庆祝第35个教师节
暨表彰奖励大会上的讲话

亲爱的老师们:

节日快乐!

在举国上下喜迎中华人民共和国成立70周年之际,我们迎来了第35个教师节。今天,我们共聚一堂,庆祝我们自己的节日并进行表彰奖励。在此,我谨代表学校党委,向长期以来默默耕耘,奋战在教育教学和管理服务一线的全体教职工和后勤保障工作者致以最美好的祝福和最诚挚的感谢!向即将受到表彰的同志们致以最热烈的祝贺和最崇高的敬意!

老师们,今年教师节的主题是:庆祝中华人民共和国70华诞,弘扬新时代尊师风尚。2018年党中央胜利召开全国教育大会,明确提出"坚持把教师队伍建设作为基础工作",深化了全党、全社会对中国特色社会主义教育事业的规律性认识,体现了我们党念兹在兹的教育情怀,彰显了一个文明古国尊师重教、崇智尚学的价值追求。昨天市委召开了"哈密市教育大会",牛红霞老师作为教师代表在大会上发言,市委书记李成辉、市长祖木热提·吾布力慰问了王文海老师和辛瑞霞科长,并通过他们向全体教师致以节日的问候!我们深刻感受到了市委市政府对哈密教育事业的重视和坚持教育优先发展的理念,感受到了市委市政府领导对教师的关爱和尊重。大会上李成辉书记五六次提到二中,让我倍感作为一名学校领导责任重大,作为一名教师使命光荣,办好人民满意的教育义不容辞。今天我们收到的每一句祝福、每一束鲜花都是对我们教师职业的崇高致礼!

近年来,在市委市政府、市委教育工委和教育局的正确领导下,在社会各界的关心支持下,学校认真贯彻落实党的十九大、全国教育大会、自治区教育大会和哈密市教育大会精神，以习近平新时代中国特色社会主义思想为指导，紧紧围绕社会稳定和长治久安总目标，办人民满意的教育，做人民满意的教师，学校内涵建设不断加强，教育教学改革不断深化，教育教学质量全面提升，高考连年高位攀升。今年，在全体师生的共同努力下，再次用实力续写了二中高考的辉煌。

老师们，哈密二中，众人瞩目，备受关注。当我们来到二中，就已经成为二中的一分子，一名二中人！就注定与二中一路同行，共同成长，荣辱与共！二中不断呈现新气象、展现新面貌，二中的美好画卷正徐徐展开。但在我眼中，奋斗中的二中才是最美的景色，为教学辛勤付出的教师才是最美的风景。我很欣慰我在二中遇见了大家，更幸运在二中成就了更好的自己，相信我们二中教师未来的人生会充满更多的奇迹和精彩。

今天是我们人生中一个有意义的日子。我国著名哲学家冯友兰先生说："意义发生于自觉及了解。"意义需要我们持续追寻和挖掘。希望大家在今后的工作中努力追寻意义，努力成就有价值的人生。

1.要从对职业的敬畏中去感受意义，坚定理想信念，做奉献型教师

我们教师既要有脚踏实地、乐于奉献的工作态度，又要有淡泊明志、甘为人梯的精神境界，辛勤耕耘三尺讲台，以平凡的岗位构筑崇高的人生。

2.要从对家国的担当中去追寻意义，厚植爱国情怀，做忠诚型教师

教育兴则国兴，教育强则国强。实现中华民族伟大复兴的中国梦，归根到底靠人才、靠教育，教师肩负着教育强国的重要使命。建设教育强国必须要坚持正确的办学方向，落实立德树人根本任务。每位教师作为学校思政工作的践行者，像母亲般温柔，像父亲般严谨，像姐姐般亲切，像哥哥般义气，在这个平凡而繁杂的岗位上，帮助孩子们"扣好人生第一粒扣子"。

3.要从对行为的强化中去深化意义，加强品德修养，做美德型教师

"学高为师，身正为范"。高尚的师德是对学生最生动、最具体、最深远的教育。我们要以良好的师德引领广大学生健康成长，用良好的师德去感染和影响学生，塑造学生大爱、和谐的心灵，把学生培养成为正直的人、善良的人、有爱心的人。

4.要从对学识的提高中去创造意义，增长知识见识，做创新型教师

教师是知识的传播者，也是知识的创造者。教师富有创造精神，才能培养出创新型人才。学生具有创新意识，才会给国家建设提供源源不断的动力。随着学校的发展，我校逐步成立了"名校长工作室""新疆维吾尔自治区常玉国高中英语教学能手培养工作室""邢燕子语文精品课程工作室""哈密市王银数学教学能手培养工作室""朱建萍名班主任工作室"等，先后有常玉国老师、朱建军老师被评为正高级教师，他们都是我校勇于创新的典范。

5.要从对民族的复兴中去升华意义，培养奋斗精神，做敬业型教师

季羡林先生说："如果人生真有意义与价值的话，其意义与价值就在于对人类发展的承上启下、承前启后的责任感。"我希望我们所有教师始终保持强烈的责任感，自觉将个人的发展融入二中发展进步的洪流之中，在广阔天地里获得更大的人生意义。

6.要从对"大我"的情怀中实现意义，增强综合素质，做博爱型教师

作为教师，最重要的是要对学生有博爱之心。"教育之没有情感，没有爱，如同池塘没有水一样。没有水，就不成其池塘，没有爱就没有教育。"博爱精神才是教育的灵魂。

"三寸粉笔、三尺讲台系国运；一颗丹心、一生秉烛铸民魂！"我们要做习近平总书记说的有理想信念、有道德情操、有扎实学识、有仁爱之心的"四有"好老师。我们要认真学习贯彻做好新时代教育工作的政治自觉，坚持以社会稳定和长治久安总目标为统领，全面贯彻党的教育方针，抓好教师队伍建设，加强党对教育工作的全面领导，让党的旗帜在教育阵地高高飘扬。这就是献给祖国70华诞最好的礼物！

春华秋实，桃李沁香！希望我们为人师表，做道德行为的示范者；严谨笃学，做传播知识的学术家；创新思维，做学生成才的引路人。兢兢业业地履行好教书育人的职责，为二中美好的未来不懈奋斗！

最后，祝广大教职员工节日愉快，身体健康，家庭幸福！祝我们的明天更美好，二中的事业更辉煌！

谢谢大家！

在盐化总厂中学86届高中毕业
20周年同学聚会上的讲话

女（张冬梅）：亲爱的同学们——

合：大家好！

男（张树兵）：还记得20年前我们的校园吗？

女：还记得当年的同桌吗？

男：岁月悠悠，光阴似水，20年的分别，20年的牵挂，给了我们足够的相聚的理由。

女：抚今追昔，几分酸甜几分喜；情思悠悠，同学友谊心上留；惜故怀旧，校园时光好朋友。无论你来自文科班、理科班，还是技校班。

合：我们都是86届的毕业生，我们都是永远的同学，让我们共同庆祝今天的相聚。

女：20年前，那时我们风华正茂，青春年少，也许校园里曾有过你的初恋，有过他的暗恋，也许曾经，你为他有过心跳的感觉，他为你牵过线搭过桥。也许曾经你的追求有过失败，甚至一个人面对着天空发呆，但毕竟我们追求过、梦想过、拥有过，三个春秋的故事，我们要用一辈子来咀嚼和回味。

男：人生路长，高中三年，是我们人生中最美好的时光，回顾那些青春燃烧的岁月，是那么的美好，那么的亲切，这是一种回忆，也是一种记忆，更是一笔财富。转眼间，我们离开校园20年了。20年的翘首期盼，终于化成了今天的欢声笑语，汇成了你我的心潮澎湃。没有太大的容颜改变和物是人非，有的是历练后的成熟与稳重，有的是感悟人生的淡然与洒脱。

女：当我们回想起高中三年的生活，我们想到的最多的词是同学、开心、难忘。同时我们还会想起另一些词：拼搏、紧张、考试。这些感受和心情都与一种情谊分不开，那就是我们的同学情谊。离开校园20年，我们用诚实和劳动，各自打造了自己一生的黄金时段。现在，或许你正在为自己的人生目标而奋斗，也许在为自己的家庭而努力，但不论到何时，请记住：我们永远是同学。时光可以带走青春，却带不走深厚的同窗情谊。这次聚会是一个契机，也是一个新的开端，在以后的日子里，希望我们大家多加联系，多加交往。事业成功了，告诉大家一声，我们一起分享；情场、官场、生意场，如果失意了，打个电话，让同学们拉一把。只要我们团结起来，就能形成一种坚不可摧的力量。

男：多年未见，大家都找到了当年的老朋友了吧。今天就让我们回到20年前，敞开20年的心扉，以18岁的心态尽情地说吧，聊吧，去重温我们那美好的高中时代。

女：一日同学，一生朋友，那是割不断的情，那是分不开的缘。只要我们心不老，青春友情就像钻石一样永恒久远。

合：在此我们祝同学们家庭幸福、身体健康、事业有成、一生平安！

女：遗憾的是有些同学因事务缠身或路途太远，未能和我们团聚。希望我们的祝福能跨越时空的界限，传到他们身边！

开宴之前，我要宣布我们酒会的约法三章：

第一，能喝的不能不喝。

第二，不能喝的不要多喝。

第三，如果喝多了绝对不能耍酒疯哟。

在盐化总厂中学86届高中毕业
30周年同学聚会上的讲话

亲爱的同学们：

大家中午好！

首先，请允许我代表这次同学聚会筹备组，向在百忙中抽出时间前来参加我们"盐化总厂86届高中毕业30周年"同学聚会的各位同学，表示最亲切、最诚挚、最热烈的欢迎！特别是从千里之外赶回来的张能武、冯进新、李虎、王晓华、成琳等同学带给我们的惊喜和感动！响起我们欢迎的掌声！

在此也向为此次同学聚会联系、筹备、辛勤忙碌的梁爱民、张新志等同学，表示最衷心的感谢！感谢有你们！

正是有以上同学的精心组织、热心筹备，才使我们盐化总厂86届高中同学在毕业30年后，有机会在这里相聚，共叙同学情谊。但由于这样那样的原因，还有部分同学今天没有到会，我们也感到非常遗憾。

亲爱的同学们，时光匆匆，岁月如梭。我们在各自人生的追求和打拼之中，30年的时光一转眼，就过去了；

春花秋月，寒来暑往。我们在各自人生的顺境和逆境之中，30年的美好年华，悄然溜走；

斗转星移，逝者如斯。我们在为家庭、为生存、为事业忙碌之时，俯仰之间，30年的分分秒秒、日日月月、年年岁岁犹如一江春水，滚滚东流！

古人说"人生易老天难老""年年岁岁花相似，岁岁年年人不同"。今天我们深感这30年过得太快、太急了。我们从风华正茂的青年如今已成为年近半百的中年，请让我们稍微放慢点人生匆匆的脚步，请不要把我们的情意抛在了我们脚步的后面！

　　亲爱的同学们，其实我们度过的这30年，是人生最美好、最富创造力的30年！是人生最难忘、最富活力的30年！也是我们祖国改革开放、取得举世瞩目成就的30年！

　　我们每一位同学，在这30年中，为家庭、为事业、为社会、为国家，做出了自己的贡献，实现了自己的价值。我们抚养大了孩子，我们赡养着老人，我们支撑着家庭，我们忙碌着工作，我们还要维持着友谊……我们很忙，我们很累，我们也很充实，很快乐。

　　无论你我顺利还是曲折，成功还是失意，高兴还是痛苦，我们在这30年中品味了人生的苦辣酸甜，体味了生活的寒暑冷暖，历经了生命的春夏秋冬。

　　人生就是这样，经历了就是财富，尝试了就是幸福，走过了就是成功，活着就是最大的幸运！

　　难忘30年前，我们为了共同的理想和追求，相聚在盐化总厂学校。

　　那时的我们虽然贫寒，但我们是那样纯朴天真；

　　那时的我们尽管封闭，但我们是那样执着专心；

　　那时的我们虽然物质匮乏，但我们精神充实，情感丰富；

　　那时的我们满怀希望、理想和追求，对未来充满憧憬和渴望；

　　那时的我们平等友爱、团结和谐、相互勉励、相互支持！

　　无论过去30年、40年甚至更多的岁月，在我们的心底仍然怀念那三年纯洁、质朴、清贫、充实的美好时光。高中三年，我们学习了知识，磨砺了意志，培养了友谊，收获了爱情！那是一段艰苦的岁月，那是一份带着盐化特有的咸味的记忆。但我们感谢那段青涩而又清贫的岁月，它是我们生命中最宝贵的财富；我们珍藏那段珍贵而又美好的记忆，因为它已成为我们生命的一部分！

　　今天，我们在这里聚会，就是让我们在30年后，从彼此的变化中，还能忆起同桌、同学旧日的模样，还能说出彼此之间往昔的故事。让我们消除时间的隔阂，共叙同窗深情！让我们举起友谊的酒杯，珍惜难得情谊！让我们记住我们共同的家园——盐化！让我们记住我们共同的名字——同学！让我们携起手来，相互勉励，相互帮助，彼此呵护，彼此温暖，共同度过我们未来的日子！

　　最后，祝福我亲爱的同学们身体健康、合家幸福、家庭事业兴旺发达！

　　愿我们的友谊地久天长！

　　谢谢大家！

附　录

陈叶、闫格结婚致辞

亲爱的家人们：

大家中午好！

今年是个喜庆年，是中华人民共和国成立70周年华诞；今天是个好日子，是一对新人新婚大喜的日子；今天是个好天气，秋高气爽，晴空万里。我们为祖国母亲庆祝生日，为一对新人送来祝福，祝福他们：天成佳偶百年好，美满良缘到白头。

我很高兴能为一对新人证婚，见证他们人生最幸福的时刻，下面我宣读结婚证书。……

新郎陈叶是我们二中的学生，我是他的物理老师，高中毕业以优异的成绩考入上海交通大学，后又考入香港浸会大学攻读研究生，现研究生毕业正在全国著名企业应聘，可以说是青年翘楚；新娘闫格是我看着长大的二中孩子，高中毕业考入复旦大学，本科毕业保送研究生，今年毕业，现任职于上海市浦东新区纪委监察委。

两个优秀的孩子在上海相识、相知、相恋。相识本是一种缘，能够相守更是一种缘。你们从相识、相知、相恋到喜结良缘，经历了人生最美好的时光，此时此刻的天作之合又延伸了这种缘分。

今天你们的结合，不仅意味着一个幸福家庭的组合，更意味着一份责任道义的担当，希望你们在今后的生活中能够相互包容、相互体贴、互敬互爱，共同创造你们的幸福生活。愿你们比翼双飞，像光一样彼此照耀，像火一样温暖对方。

今天我们看到了你们牵手相拥的幸福，希望你们能牵着对方的手，靠着彼此的肩相伴一生；今天我们听到了你们大声地说"我爱你"，希望你们能用一辈子来兑现这个承诺。

更希望你们能用你们的孝心感恩父母，用你们的真心感谢家人，用你们的智慧和汗水创造幸福美好的生活！

最后再次祝福一对新人：夫妻恩爱敬如宾，事业爱情双丰收！相亲相爱好伴侣，同心同德美姻缘！

祝大家国庆快乐！阖家幸福！

谢谢大家！

人生不只一条线

果实啊，你在哪里？

花儿啊，我就在你心里。

——泰戈尔

如同有无数条指向南北的经线和指向东西的纬线，人生也不只一条线。

比高度，羊比不过骆驼；比凶猛，猫比不过老虎；比机智，沙僧比不过悟空；比财富，季羡林比不过郭敬明。

难道羊就注定被骆驼嘲笑？难道猫就注定被老虎猎杀？难道沙僧就注定被悟空的光芒掩盖？难道季羡林就注定被历史遗忘？

不！

太阳会微微升起，迎接我们迈出的每一步。每个人都是独一无二、不可替代的，或许你一贫如洗，或许你无一技之长，或许你不被众人关注，那并不表示你处处不如人。你一贫如洗但你勤恳踏实，努力工作，你就是第一；你无一技之长，但你以拳拳之心报效祖国，你就是第一；你不被众人关注，但你有和睦的家庭，你就是第一！

不要总说自己不行，不要总拿自己的短处和人家的长处比。我们迈出的每一步都会有太阳的迎接，但首先要迈出脚步啊！

人生不只一条线，你可以选择自己擅长的那一条，走出自信，走向第一。

比灵巧，骆驼比不过羊；比温顺，老虎比不过猫；比忠心，悟空比不过沙僧；比才学，郭敬明比不过季羡林。

只要你愿意另起一行，每一个人都是第一。

武则天不是最温顺的女人，却是中国古代唯一一个女皇；张爱玲不是最高贵的女人，却是中国近代无法被超越的女作家；宋庆龄不是最美丽的女人，却有着一颗最最美丽的心。

阿波罗神殿前的石碑上刻着"人啊！认识你自己"。

范蠡认识了自己，放弃政治转身经商，成了后世景仰的陶朱公；郭晶晶认识了自己，放弃了游泳转身跳水，成了中国跳水史上的奇迹；金正勋认识了自己，放弃经商转身演艺，成了亚洲家喻户晓的影视明星……

每个人都有自己的闪光点，你始终要坚信"天生我才必有用"，自信就是你的优点，自信地发现你的优点就是你成功的基石。

不要试图处处第一，那样很累；不要与别人比你不可能比过的，那样很傻。世上没有十全十美的人，所谓的状元，也不过是三百六十行，行行出状元。

朋友啊！如果你曾发出泰戈尔般的疑问"果实啊！你在哪里？"那么请你像泰戈尔般肯定地回答"花儿啊！我在你的心里"。

我和它的相逢……

我打小便爱看书，对书有一种近乎执拗的挑剔，喜欢古典诗词却不喜欢以辛弃疾为代表的豪放派，偏爱李煜和李清照；喜欢故事却不喜欢平淡的生活琐事，偏爱童话和科幻；喜欢文字，却不喜欢冷静犀利的鲁迅先生，偏爱张爱玲和泰戈尔。

每次放假，我都会早早出门等待书店的卷帘门卷起的那一声碎响，便兴冲冲地跑进去，坐到儿童文学区开始一日的趣读。

高二时选择了文科，于是在高二的寒假，出于一种炫耀的心理，我离开了"儿童文学区"，走进了"文学区"。手指拂过一本本书光滑的书脊，突如其来的摩擦感像是交响曲中不怎么和谐的一个音符，我看了看食指停留的地方——《纳兰容若词传》。移开食指，出现了一朵盛开的小小荷花。

从此我爱上了纳兰的词。

纳兰的二十一克

成容若君度过了一季比诗歌更诗意的生命，所有人都被他甩在了橹声后面，以标准的凡夫俗子的姿态张望并艳美着他，但谁知道，天才的悲情却反而美慕每一个凡夫俗子的幸福，尽管他信手拈得的一阕词就波澜过你我的一个世界，可以催漫天的焰火盛开，可以催漫山的荼靡谢尽。

——徐志摩

纳兰，容若，纳兰容若，分开，合起，各是一出戏，纳兰的一生不是容若的一生，容若若缺了纳兰便不完整，人生本是一出戏，纳兰的这出戏，演得轰轰烈烈，轰轰烈烈地出相，轰轰烈烈地入将，如电影般紧凑，观者的情感在瞬间起起伏伏。

序 幕

《纳兰容若词传》，一本朴素到了极致的书，封皮是雪般的银色，没有花哨的图像，没有艳丽的点缀，右上方是书的名称，指甲盖大小的字泛着幽兰的光，一朵荷花盛开在中央，花瓣随风飘零，如同纳兰的一生，开过了的荷花，莲子满满，却过早凋零，那朵莲花便是纳兰。

第一幕　戴着镣铐舞蹈

此时的纳兰不是容若却是冬郎。此时的冬郎与《石头记》中的宝玉共同舞着一段弧。舒穆禄雪梅，冬郎姑姑的女儿，一个与黛玉共舞的女子，因丧双亲被接至纳兰家抚养，她有黛玉般清丽的容貌，黛玉般满腹的才学，更有黛玉般似水的柔情。

"金风玉露一相逢，便胜却人间无数。"在明珠府的学堂内，查慎行先生的学生由一个变成一双。

初见雪梅，冬郎只道是个天仙般的妹妹，别具魅力。日子一天天地走过，花儿一次次地开落，冬郎对雪梅的了解也一点点加深，知晓那是个冰雪聪慧的妹妹，是个顾盼多情的女子。曾"倚栏万绪不能愁"，曾"一般心事，两样愁情，回廊影里誓三生"，如此纯白无瑕的一株幼芽，如此真挚热烈的一曲情歌，在那父母之命的年代，也只是"一朵芙蓉着秋雨"只能于"断肠回首处，泪偷零"。

雪梅入宫，纳兰等候，没有人知道那时的清风唱出怎样的忧愁，没有人知道那时的明月承载怎样的思念，一道红墙，一肆汪洋，从此萧郎是路人。

红墙内，雪梅日夜吟唱此生与他最后的交集——

一枝春色又藏鸦，白石清溪望不赊，

自是多情便多絮，随风直到谢娘家。

红墙外，纳兰望着那个大月亮，多么希望能看到表妹的笑脸，可望到脖子酸痛，望到眼中噙满泪水，却只望来了表妹离世的噩耗。

那是专制主义中央集权发展到顶峰时代的万千悲剧中的一个。

然而诗歌本身就是戴着镣铐的舞蹈，镣铐越重，舞者越可尽展才华。当专制主义不断加强，思想文化控制越来越严苛，纳兰的存在不得不说是在舞着镣铐，稍有不慎，沉重的镣铐便毫不留情地砸在血肉之躯上，轻者红紫淤青，重者皮肉开绽。脱离八股的束缚，专写为秀才所不齿的工巧之词的确需要一番勇气，转身看看现在，文化繁荣的政策像一把钥匙解开了舞者的镣铐，摆脱镣铐的舞者尽情舞动，渐渐脱离了舞蹈本身的含义，各种不健康的文化悄然滋长，危害着大众的身心健康。

文化不可以专制，那样会使文化失去创新的动力，但文化也不可以放任，那样文化会失去正确的发展方向，发展繁荣社会主义文化我们应深刻地思考，为文化加上一个适当的镣铐。

第二幕　当时只道是寻常

梅表妹过世后，纳兰的生活陷入了一个圆，每日每时的轮回折磨着他早已破碎的心，在明末王次回《疑雨集》的余波中，纳兰学会了爱，学会了表达爱，也正是此时，这出戏的高潮也酝酿成熟，纳兰人生中的女一号伴着白梅的淡雅和书卷的清香风急雨骤地登场，第一句台词便是——"原来是你"。

"原来是你"，被风拉得很细很长，曲曲折折钻进容若的耳朵，就像被粗砺的沙尘和同样粗砺的岁月掩埋的小小边城千百年来响起了第一串敲门声，整个小城突然苏醒。

人们总是不自觉地亲近与自己相似的人，那女子与他如此相似，毫无悬念地成了容若口中心中唯一的妻。那女子卢姓，是第一个住进容若心房的女子。

我曾感叹，连纳兰成德这般完美的男子也终究不过是男人，有了新欢，忘了旧爱。在他与卢氏共赋诗词之时，他是否记得第一个与他共赋的女子；在他与卢氏耳鬓厮磨之际，他又是否想起那个他允诺"相对忘贫"的女子，我为雪梅鸣不平，讨厌这个插足的第三者。

我带着对卢氏的偏见走入她的生活。"最悲伤的字是'若'，你名字中的一个字呢。"我怔住，瞥见了同我一样怔住的容若。不知当初为纳兰取字的朱彝尊是否知道这个《易经》的惯用文法有多残忍，这个字只是失意者的自欺欺人罢了，只是将幸福寄托在灰飞烟灭的过去或形迹可疑的未来。

那一刻我突然明白，纳兰成德依旧是那般完美的男子，思念不一定要孤独，正如悲伤不一定要哭。

容若曾将卢氏唤作丁香，在我看来，卢氏却更像那雨夜的荷花，是燃烧的红焰，是暴雨都无法浇灭的蜡烛。

那女子伴了容若的青春绚烂，葬送了自己的花落人亡，"半世浮萍随逝水，一宵冷雨葬名花"。带着容若的泪，带着那无数的"若"，卢氏如烟花般消逝在天际，然而那女子烟花般的绚烂却永远开在了容若的回忆之中，"魂是柳绵吹欲碎，绕天涯"。

然而这世上没有如果，生活中亦没有如果，如果只是人们用华美的语言编织的不堪一击的泡沫，经不起生活的辗转磨合，我们无法追及过去，无法抓住未来，我们所能做的只是把握现在。

现在，听起来很是短暂，我认为，现在不仅仅指这一秒，现在不是一个特定的概念，对不同的人来讲现在有不同的含义，作为一个中学生，我们的现在直指高考，高考之后的事就是未来了。同万千应届生一样，我们都在为这个"现在"奋斗，就像写这篇评论的我，也不过是为了"现在"借用一个工具助我成功，甚至可以说是为了达成目标，哪怕只有万分之一的希望也会尽百分之两百的努力，因为我相信努力必有回报，因为我不是一个笨小孩。

在新的时代，每个人都应该把握自己的现在，并为之奋斗。

第三幕　寂寞的终将闪烁

你若以为纳兰的一生只是儿女情长、诗词歌赋，你便错了。纳兰的小令虽与李煜极似，可纳兰却是一个文武全才。

凭借深厚的文学底子，22岁那年纳兰考中二甲第七名进士，被皇上授予御前三等侍卫。此时的容若正是人人羡慕的对象，高贵的出身，出脱的容貌，深厚的学识，还成了御前侍卫，皇帝近臣，怎不叫人眼馋！而纳兰如古井般不起波澜的情感也燃起了报国的壮志豪情。

他随銮秋猎，从虎口中救下了雪梅离世的操刀手——康熙，一个比他大9个月的明君，他不是不爱雪梅，只是更爱天下；他辅帝西征，阻止了军抢民粮的悲剧，赢得了西北百姓的支持，他识破了罗刹奸细的阴谋，从刀刃下又救了康熙一命并夺取了西征的胜利，大败噶尔丹；他伴驾南巡，巧破冤案，成就了康熙明君的美誉。

"山一程，水一程，身向榆关那畔行，夜深千帐灯。风一更，雪一更，聒碎乡心梦不成，故园无此声。"

掠去词人的铅华，纳兰只是一个驰骋沙场，为国尽忠的纯粹。爱国主义是中华民族精神的核心，贯穿着民族精神的各个方面，爱国，不论在什么朝代，不论是什么制度，都是我们不可丢弃的情感。就今天来说，爱国与热爱社会主义、热爱共产党在本质上是一致的，不论你是位高权重的官员，还是平凡无为的百姓。

幕落　人生若只如初见

自纳兰吟出"德也狂生耳"至今已过9年，而纳兰的9年却不止9年，这9年，他经历了太多，太多悲喜、太多别离，爱人的离去，独子的夭折，好友的相隔，如此种种已如骆驼刺根植于纳兰心中，表现在外的不过点点，内在的根却紧紧攥住纳兰的心，几乎窒息。

于是纳兰彷徨了，他想奋力呼喊，却早已口舌嘶哑；他要展翅高飞，却早已羽断翅折，他还有什么呢？他还能怎样呢？缪塞说，最美的诗歌是最绝望的诗歌，有些不朽的篇章是纯粹的眼泪。纳兰绝望了，7日7夜滴水不进，他在想什么呢？是那个顾盼多情深葬侯门的女子，还是那个清新淡雅含"若"而亡的女子？是好友惺惺相惜的眼神，还是战场驰骋杀敌的英姿？

我不知道，也无从知道，有人说，卢氏的离世结束了一个时代，我以为不然，纳兰最纯粹的眼泪滴落在他行将就木之际，那滴泪凝固了一个时代。

人生若只如初见，何事秋风悲画扇。

等闲变却故人心，却道故人心易变。

骊山语罢清宵半，泪雨霖铃终不怨。

何如薄幸锦衣郎，比翼连枝当日愿。

纳兰的剧落幕了，我的眼也胀了，我以为我成长了，我以为我坚强了，我以为我不会变，其实什么都是我以为，我以为只要努力学习就可以无忧无虑，我以为只要你简单这世界就简单。90后的独生子女被父母当作掌心的花捧得太久，已不懂得融入这社会，纳兰的离世恍若秋叶飘入我掌心，我知道，是学会独立的时候了，是学习生存的时候了，要像纳兰一样以精彩的姿态走过一生的每一步。

参考文献

［1］苏缨，毛晓雯，夏如意.纳兰容若词传［M］.南京：江苏文艺出版社，2009.

［2］张钧.纳兰性德全传［M］.长春：长春出版社，1997.

跋

忆往昔，看今朝，说变化

从1949年到2019年，我们的祖国，今年迎来了70华诞。70年风雨飘摇，70年开创奋斗，70年崛起发展，70年沧桑巨变。70年来，我国经济建设、政治建设、文化建设、社会建设及生态文明建设和党的建设各个方面的事业都蓬勃发展，蒸蒸日上。70年后的今天，我们比以往任何时候都更加接近中国梦。

在这70年里，尤其是改革开放40年，我们的祖国发生了翻天覆地的变化。作为教师，我感受深刻的是人民生活的今非昔比，国家教育的蓬勃发展，特别是哈密老百姓的生活早已步入小康，哈密教育也跃居自治区前列。

20世纪60年代的我，生活在哈密偏僻矿区，那里没有幼儿园，我的幼年是跟在爸爸的身后，在厂区医务所长大的，没有见过什么洋娃娃、小汽车、积木之类的玩具，爸爸用完药的玻璃瓶子、纸盒子、中药丸的蜡包装盒都是我在别的小朋友面前炫耀的资本，也是我引以为豪的玩具。

那时说到糖，是一个让小孩子可以欢呼雀跃，也可以失望痛哭的字眼，吃到一颗糖，不管是水果糖还是牛奶糖，都要在嘴里吮吸很久很久，幻想永远吃不完就好了，可甜蜜总是短暂的，糖在嘴里总是那么容易溶化，还没有品尝过瘾就消失得荡然无存。我总是很幸运，医务所里有宝塔糖，粉色的、黄色的、绿色的，都成为我"贿赂"小朋友的有力武器，我的小口袋里经常会有爸爸给的宝塔糖。

渐渐地，我到了上学的年龄，随着发展变化，厂区大部分职工都搬迁到总厂区去了，老厂区只有十几户人家，到入学年龄的孩子只有两个。没有学校，我们两个学生就在一个算是老师的老高中生家里入学了！教室就是老师的家，课桌就是老师家的小饭桌，我幼小的手握着半截铅笔开始了求学的日子，没有课本，老师教我俩写阿拉伯数字、拼音字母、汉字。老师一边纳着鞋底一边教我们俩识字、算数，我也学得像模像样，经常被老师夸奖。一年级、二年级就这样度过了，这也算是"一对一"的教育模式吧，现在想想还是蛮超前的！

后来我家也搬到了总厂区，我终于有了一个班的同学和专门的老师。课桌就是水泥板，冰凉坚硬，小朋友们排排坐，一排可以坐十几个孩子，记得我的同桌下午上课打瞌睡，磕到了水泥板上，磕掉了半个门牙，这被同学们作为谈资到现在还常常提起。

上高中后，我住校了，学校离家七八公里。宿舍是老车库改造的，一间长长的大房子里住着十几、二十个同学，夏天还好过些，冬天的晚上，要生火炉，那时我们都没有生活经验，火炉总是生不好，冒烟、冒烟、冒烟，总是冒烟，所以只能开着窗子，房间又烟又冷，晚上放在盆子里的洗脸水，早上已结成冰块，在火炉上热化了才能洗把脸。没有写作业的地方，在床上放一块纸板或者玻璃，就是我们在宿舍的课桌了。

回想当年教我们的老师，上小学时老师是初中毕业生，上初中时老师是高中毕业生，上高中时学校从内地引进了三位大学毕业生，那可是当时学校的最高学历，我们第一次见到大学毕业生，他们迅速成了学生心目中的偶像。上课时常常被大学生老师的学识所吸引，甚至有的同学模仿他们走路、唱歌、跳舞。这些记忆至今仿佛是昨天发生的事情。

那时的条件和现在无法相比，现在的小孩子也不能想象我们当年的艰苦，这都将作为我人生最宝贵的财富留在了记忆里。每想到这些，我不禁感慨，改革开放四十年，祖国的变化太大了，这是我们难以想象的啊！每想到这些，我情不自禁感慨中国共产党的伟大，就更加珍惜现在的美好生活！每想到这些，我就心潮澎湃，感慨改革开放道路的无比正确，中国一天天强大起来，作为中国人我们是多么骄傲和自豪啊！

哈密的教育也发生了翻天覆地的变化：从以前的"入园难、上学远"到今天的"农村幼儿园应建尽建，适龄幼儿应入尽入"；从"九年义务教育"到"十五年免费教育"，实现学前至高中国家通用语言文字教学全覆盖。加快推进中小学集中办学和寄宿制管理，缩减大班额。普通高考总录取率达到92.66%，高于自治区13个百分点。以就业为导向的职业教育已初具规模，实现了哈密本科教育的零突破。让我们每一个哈密市民真真切切感受到了"变化就在身边，幸福就在眼前，党的惠民政策太好了"。

现在的教师队伍建设发展迅速，教师数量、教师质量都有很大提升，教师基本上都是受过正规师范院校培训或者是具有教师资格证的大学生。我们学校近些年招聘的教师以公费师范生为主，教师个人素质和教学水平都很不错。大学生对于今天的人们已经不再是什么新鲜词，学校教师研究生、博士生也占到一定比例了。我校近几年研究生比例已达到8%，还有几十位教师正在攻读研究生学历。

二中这几年发展迅速，政府花费近三亿元资金修建了布局合理、设计一流、设施先进的新校区，教学楼、实验楼、艺术楼、餐厅、宿舍、运动场、风雨操场功能齐全，为学校办学提供了良好的环境。

学生们享受着"三免一补"的好政策，教学楼宽敞明亮，教室里安装了先进的一体机，再也不是老师一根粉笔、一本书的时代了，互联网走进了课堂，丰富的教育教学资源为老师备课、学生学习提供了极大便利，让教育不再闭塞落后，师生们可以在最短时间接收到最新的信息资源。实验楼功能齐全，设备先进，让课本知识和动手操作紧密结合，知行合一，丰富课堂。宿舍楼条件优越，四人间宿舍，上床下桌设施，卫生间、浴室齐备，超越了许多大学的条件。孩子们享受着优质的教育资源和各种资助保障，没有一个孩子因为家庭困难而辍学，每一个孩子都能愉快学习，健康成长。现在的孩子多幸福啊！

忆往昔，不能忘记我们的过去，正是艰苦的条件砥砺了我们今天的奋斗精神，培养了我们战胜一切困难的勇气。

看今朝，我们心怀感恩，感恩党带领中国人民战胜艰难险阻、披荆斩棘，从站起来到富起来，到今天的强起来！感恩党带领人民坚持走中国特色社会主义道路，进行改革开放，使我们的祖国日益强大，越来越美丽！感恩党带领全国人民实施精准扶贫、精准脱贫战略，使全国人民共同奔小康！

怀着一颗感恩的心，我更坚定了感党恩、听党话、跟党走的决心和信心；怀着一颗感恩的心，我更坚定了立足教育工作岗位，"不忘初心，牢记使命"

的决心和信心；怀着一颗感恩的心，我更坚定了办好人民满意的教育的决心和信心！

　　我愿为哈密教育事业的发展做出我应有的努力！

　　祝愿哈密的教育事业蒸蒸日上！祝愿孩子们都能健康成长！